Lizenzausgabe für die Büchergilde Gutenberg Verlagsgesellschaft mbH
Frankfurt am Main, Zürich, Wien
www.buechergilde.de
Mit freundlicher Genehmigung des Verlagshauses Jacoby & Stuart, Berlin

© 2018 Verlagshaus Jacoby & Stuart, Berlin
Alle Rechte vorbehalten
Printed in Slovakia
ISBN 978-3-7632-7050-7

Myriam Lang

La grande cucina vegetariana

Carlo Bernasconis vegetarische Menüs für Gäste

Illustriert von
Larissa Bertonasco

Mit vier Texten von
Martin Walker

Büchergilde
Gutenberg

indice

8
Vorwort

13
Grundrezepte

21
Frühling

25
Menü März

31
Menü April

37
Menü Mai

43
Grosses Frühlingsmenü

53
Sommer

57
Menü Juni

63
Menü Juli

69
Menü August

77
Grosses Sommermenü

Übrigens: Alle Rezepte in diesem Buch sind für 4 Portionen innerhalb der Menüs berechnet und somit wurden die Mengen auf ein 4- oder 6-Gang-Menü angepasst. Will man die Gerichte einzeln kochen, muss man die Mengen um ein Viertel bis ein Drittel erhöhen.

inhalt

87
Herbst

91
Menü September

97
Menü Oktober

103
Menü November

109
Grosses Herbstmenü

121
Winter

125
Menü Dezember

133
Menü Januar

139
Menü Februar

145
Grosses Wintermenü

154
Grazie, Carlo!

156
Viten

157
Register

Liebe Leserinnen und Leser,

immer wieder wurde Carlo Bernasconi nach einem vegetarischen Kochbuch mit Menüvorschlägen gefragt, denn größere vegetarische Menüs zusammenzustellen ist schon die höhere Kunst. *La grande cucina vegetariana* ist auch Carlos Vermächtnis geworden, denn er hat zwar noch die Menüs aussuchen, das Buch vor seinem viel zu frühen Tod aber nicht mehr fertigstellen können. Und so hat seine gute Freundin Myriam Lang, die seit 2015 regelmäßig mit Carlo in seinem Restaurant gekocht hat, die Rezepte dieses Buches nach seinen Vorgaben und in seinem Sinne zu Ende gebracht. Und da zu guten Gerichten auch eine gute Präsentation gehört, hat Carlos Freund und Kollege, Martin Walker, die Rezepte mit seinen Erinnerungen an den großen Koch und Menschenfreund garniert. Und Larissa Bertonasco hat dieses Buch mit ihren wunderschönen Bildern illustriert, wie bereits die zwei vorangegangenen; sie war es auch, die das Wirtshausschild für Carlos Restaurant *Osteria Candosin* gestaltet hat. Carlos Familie aber bleibt das Schlusswort in diesem Buch überlassen.

Dies ist es, was Carlo Bernasconi seinen Gästen gewünscht hat:

Liebe Gäste,
von Mittwoch bis Samstagabend biete ich Ihnen in der Osteria Candosin ein auf drei oder mehr Gänge ausgelegtes vegetarisches Menü an, das sich aus dem reichen Fundus der italienischen Küche bedient. Die italienische Küche ist die einzige Weltküche, die über Jahrhunderte und bis in die Gegenwart hinein einen Schatz an Gerichten entwickelt und gepflegt hat, in dessen Mittelpunkt stets ein Gemüse in zahlreichen Varianten steht. Diesen Schatz zu heben und anzubieten, ist mir eine Herzenssache geworden. Zwischen den Gängen dürfen Sie gern im nun aus vorwiegend vegetarischen Kochbüchern bestehenden Buchangebot blättern. Darunter auch meine eigenen Kochbücher La cucina verde *(bereits in der 10. Auflage) und* La cucina dolce.

Ich freue mich auf Ihren Besuch
Carlo Bernasconi

Grundrezepte

Auf den folgenden Seiten finden sich einige elementare Grundrezepte, die man kennen sollte, da sie sich wunderbar mit unterschiedlichstem Gemüse verbinden lassen. Dazu zählen selbstverständlich frische Pasta und Risotto, aber auch pikante Füllungen oder Crèmes sowie Brühen, Saucen und Emulsionen – und nicht zu vergessen, weil sie auf jeden »italienischen« Tisch gehört: Focaccia.

Mousse di pecorino o parmigiano

Pecorino- oder Parmesanmousse

125 ml Milch
150 g geriebener Pecorino oder Parmesan
2 g Agar-Agar
250 ml Sahne

Die Milch in einem Topf bis kurz vor den Siedepunkt erhitzen, sie darf aber nicht kochen!
Den Topf vom Feuer nehmen und den geriebenen Pecorino oder Parmesan darunterziehen und so lange rühren, bis sich eine schöne Crème gebildet hat. Der Käse darf dabei nicht schmelzen, dann Agar-Agar untermischen und etwas auskühlen lassen. Die Sahne steifschlagen und unter die Käsemasse ziehen. Bis zum weiteren Gebrauch in den Kühlschrank stellen.

TIPP: Der Käse muss für diese Mousse leicht körnig bleiben, sprich: Er darf nicht schmelzen. Denn wenn der Käse schmilzt, wird keine Mousse entstehen, sondern – insbesondere wenn die Masse abgekühlt ist – eine zähe Pampe.

Crema di basilico

Basilikumcrème

1/2 Bund Basilikum
etwa 50 ml Olivenöl
1 großzügige Prise Salz

Das Basilikum waschen, trockenschleudern und die Blätter abzupfen. Zusammen mit dem Olivenöl und einer großen Prise Salz mit dem Stabmixer zu einer Crème pürieren, zum Schluss noch einmal mit Salz abschmecken.

Grundrezepte

Peperonata
Geschmorte Paprika mit Zwiebeln

70 g weiße Zwiebeln
2 EL Olivenöl
400 g rote und gelbe Paprikaschoten
1 EL frischer Thymian
Salz, schwarzer Pfeffer

Zwiebeln in feine Ringe schneiden und mit dem Olivenöl in der Pfanne 10 Min. bei niedriger Hitze dünsten.
Die Paprikaschoten schälen (geht am besten mit einem geriffelten Schälmesser) oder gut abwaschen. Die Schoten von den weißen Trennhäuten sowie den Kernen befreien, und das Fruchtfleisch in 1/2 cm dünne Streifen schneiden.
Die Paprikastreifen zu den Zwiebeln geben und zugedeckt weitere 15 Min. bei niedriger Hitze schmoren; nach Bedarf warmes Wasser dazugeben, damit das Gemüse nicht am Pfannenboden ansetzt.
Zum Schluss die Thymianblätter untermischen und mit Salz und Pfeffer abschmecken.

Pasta
Nudeln

400 g Mehl (Type 405)
4 Bio-Eier
evtl. etwas Olivenöl

Mehl auf eine glatte Oberfläche sieben, in die Mitte eine Mulde drücken und die Eier darin aufschlagen. Alles mit den Händen zu einem glatten festen Teig verkneten, bei Bedarf noch etwas Olivenöl zugeben. Der Teig sollte nicht zu weich werden, weil er sich sonst nur schwer weiterverarbeiten lässt. Aber auch zu fest darf er nicht sein, weil er sonst bei der Verarbeitung brüchig wird und schnell trocknet.
Den Teig in Frischhaltefolie einschlagen und mind. 30 Min. im Kühlschrank ruhen lassen.
Den Pastateig in mehrere Portionen teilen und mehrfach durch die Nudelmaschine drehen, dabei sukzessive die Öffnung verkleinern, damit dünne, etwa 50 cm lange Teigbahnen entstehen. Für Maltagliati sollte der Teig durch die zweitdünnste Öffnung gedreht und in kurze Bahnen geschnitten werden. Für Ravioli dreht man den Teig am besten zweimal durch die dünnste Öffnung.

Grundrezepte

TIPP: Profiköche ersetzen ein Viertel des Mehls für den Pastateig in der Regel durch Hartweizendunst (Grieß ist zu grobkörnig) und verwenden anstelle von 4 Volleiern 6–8 Eigelb, damit der Teig noch aromatischer wird.

Ripieno di ricotta
Ricottafüllung

150 g Ricotta (aus Schaf- o. Ziegenmilch)
1 Eigelb
2 EL gehackte glatte Petersilie
1 TL gehacktes Basilikum
abgeriebene Schale von 1 Bio-Zitrone
1/2–1 Knoblauchzehe, feingehackt
50 g Parmesan oder Pecorino
Salz, Pfeffer

Ricotta mit Eigelb, Kräutern, Zitronenschale, Knoblauch und Parmesan oder Pecorino zu einer homogenen Masse verrühren und mit Salz und Pfeffer abschmecken.

Sugo di pomodoro
Tomatensugo

500 g Flaschentomaten
50 g Zwiebeln
1 Knoblauchzehe
4 EL Olivenöl
2 EL gehacktes Basilikum
Salz, schwarzer Pfeffer

Tomaten waschen, abtrocknen und kleinwürfeln. Die Zwiebeln in dünne Scheiben schneiden, und die geschälte Knoblauchzehe durch eine Presse drücken.
Zwiebeln mit dem Olivenöl in einer Pfanne bei mittlerer Hitze etwa 5 Min. dünsten. Tomaten und Knoblauch dazugeben und unter gelegentlichem Rühren etwa 30 Min. bei niedriger Hitze köcheln lassen.
Zum Schluss gehackten Basilikum untermischen und mit Salz und Pfeffer abschmecken.

TIPP: Wer's pikant mag, kann gerne nach 15–20 Min. einen zerbröselten getrockneten Peperoncino oder einen frischen in kleine Ringe geschnittenen Peperoncino dazugeben. Und natürlich ist es nicht verboten, die Tomaten vorher zu häuten, doch das ist eher eine Glaubensfrage, denn bei so kleinen Würfeln verlieren sich die Tomatenhäutchen im Sugo. Wer den Sugo sämig mag, kann ihn am Schluss mit dem Stabmixer pürieren.

Grundrezepte

Emulsione di limone
Zitronenemulsion

50 ml Olivenöl
Saft von 1 Zitrone
1 großzügige Prise Salz
1 EL gehackte glatte Petersilie

Das Olivenöl mit dem Zitronensaft und dem Salz im Mixer zu einer homogenen Masse vermengen. Falls nötig kurz vor Gebrauch nochmals durchmixen und die gehackte Petersilie darunterrmischen.

Brodo vegetale
Gemüsebrühe

Ergibt etwa 2,5 l Brühe
1 Zwiebel
1 Stange Lauch
2 Stangen Staudensellerie
1 Wirsing
2 Karotten
2 EL Olivenöl
3 l Wasser
1–2 EL Salz
1 EL Pfefferkörner
2 Lorbeerblätter

Die ungeschälte Zwiebel halbieren, das restliche Gemüse waschen, putzen und in grobe Stücke schneiden.
In einem sehr großen Topf das Olivenöl erhitzen, und die Zwiebelhälften auf der Schnittfläche für 1 Minute darin anrösten, dann das restliche Gemüse hinzugeben und weitere 2 Min. rösten. Mit dem Wasser aufgießen und einmal aufkochen lassen. Salz, Pfefferkörner und Lorbeerblätter dazugeben und 1 Stunde bei niedriger Temperatur köcheln lassen.
Die Brühe durch ein Sieb geben, und das im Sieb verbliebene Gemüse mit einem Holzlöffel leicht andrücken, damit der darin enthaltene Saft in die Brühe tropfen kann.
Im Kühlschrank hält sich die Brühe im geschlossenen Topf 2–3 Tage.

TIPP: Eine selbstgekochte Brühe ist in allen Fällen der gekauften oder in Würfel gepressten vorzuziehen, und sie ist das Geheimnis eines jeden guten Risotto! Viel Aufwand benötigt die Herstellung auch nicht, dafür ist der Geschmack unvergleichlich besser. Und es lohnt sich, gleich eine größere Mengen zuzubereiten, denn sie lässt sich wunderbar in Portionen à 500 ml einfrieren.

Grundrezepte

Focaccia
Ligurisches Fladenbrot

750 g Mehl
1–2 TL Salz
1 Würfel (42 g) frische Hefe
500–600 ml warmes Wasser
Olivenöl

Mehl mit dem Salz und der zerbröckelten Hefe vermischen. Nach und nach das warme Wasser hinzufügen und von Hand oder mit dem Knethaken zu einem geschmeidigen Teig verkneten.
Die Schüssel mit einem Tuch abdecken und an einem warmen Ort 2 Std. gehen lassen.
Backofen auf 240–250 °C vorheizen. Ein Backblech mit Olivenöl auspinseln und den Teig daraufgeben, flachdrücken, die Form der Focaccia darf unregelmäßig sein. Nochmals zugedeckt 15 Minuten gehen lassen.
Im heißen Ofen etwa 20 Min. backen, bis die Oberseite schön goldbraun ist. Etwas abkühlen lassen und dann in Würfel schneiden und lauwarm oder kalt servieren.

TIPP: Falls es Reste gibt, kann man diese am zweiten bzw. dritten Tag wunderbar mit dem Stabmixer oder im Standmixer zu Bröseln verarbeiten.

VERDE

Primavera

HEiMELiG – was für ein Name für ein Restaurant!

Anheimelnd trifft die Bedeutung ja nur andeutungsweise. *Heimelig*, damit verbindet man in der Schweiz viel Holz an den Wänden, karierte Tischtücher und eine Küche, die helvetischer nicht sein könnte. Carlo Bernasconi hat das kleine Restaurant trotzdem gekauft, schließlich hatte sein Vorgänger, Luigi, es auch geschafft, unter diesem Namen eine – gehobene – italienische Küche anzubieten, die alle Klischees bediente von Filetto bis Bistecca, ohne Pizza zwar, dafür mit den Preisen, die man in diesem Quartier zu zahlen bereit war, ja sogar erwartete. Die Zuppa Delizia zum Abschluss ließ einen sowieso die Welt und alles Weltliche vergessen.

Carlo Bernasconi war kein gelernter Koch – er hat sich auch nie die Kochbluse angezogen, die er als Auszeichnung verstand, sondern immer eine Schürze umgebunden. Carlo hat zwar eine Kochlehre begonnen, diese aber schnell wieder abgebrochen – warum und wieso lässt sich nachlesen in seinem autobiografisch inspirierten Roman *Der Italiener* – gut möglich, dass er in der überarbeiteten Version seine Erfahrungen als Koch erst im nachhinein hatte einfließen lassen. Carlo hat stattdessen die Dolmetscherschule besucht, hat sich bei Ringier zum Journalisten ausbilden lassen, kam irgendwie mit Verlagen und dem Buchhandel in Berührung und beide haben ihn bis zu seinem Ende nicht mehr losgelassen – sowohl als Koch, wie auch als Journalist, Buchautor und Verleger.

Vielleicht war es aber auch das Essen (und Trinken), das ihn zum Buch geführt hat. Das ist letztlich einerlei: Sinnlich musste es sein, gerne auch überbordend, immer mal wieder überraschend, wobei überzeugende Traditionen ihren Platz behaupten durften, formal korrekt, aber mit dem richtigen Schuss Improvisation versehen – das galt sowohl für die Literatur als auch für die Küche. Man durfte sich aber nicht täuschen lassen: Carlos Urteile waren in der Regel scharf formuliert – nach oben genauso wie nach unten. Auch Nachsicht konnte er üben.

Dem Restaurant hat er schnell seinen eigenen Stempel aufgedrückt: Er hat das Ambiente verändert und eine Umgebung geschaffen, in der er wirken konnte und sich vor allem seine Gäste wohlgefühlt haben. So wurde es zum *Heimelig da Bernasconi*. Später, als die Wände mit Bücherregalen ausgestattet und diese wiederum mit Kochbüchern aus aller Welt bestückt wurden, bekam es den Namen *Cucina e Libri* – denn Carlo war kein Freund von Etikettenschwindel: Was draufsteht, muss drin sein. Das galt auch für seine Küche. Deshalb war keiner erstaunt, als er sein Restaurant zum dritten Mal umtaufte: *Osteria Candosin* hieß es ab dem Moment, als er ganz auf die vegetarische Küche umgestiegen ist. Candosin, das war der Mädchenname seiner Mutter.

Die kleine Küche, in der häufig klassische Musik zu hören war, hin und wieder auch rockige Töne in voller Lautstärke dem Koch den nötigen Schwung verliehen und immer die wichtigen Fußballspiele auf einem iPad mini zu erahnen waren, hat er grün-weiß-rot streichen lassen. Mit der *Osteria Candosin* hat auch seine *La cucina verde* ein Zuhause gefunden – der Titel seines Kochbuchs, das international so erfolgreich ist. Das Wirtshausschild übrigens zierte eine Illustration von Larissa Bertonasco.

Eine nicht-vegetarische Ausnahme allerdings musste Carlo in seiner Osteria zulassen. Die Ravioli mit Fleischfüllung blieben auf der Karte – die waren eine seiner Spezialitäten: ein Rezept seiner Großmutter, weshalb es selbstverständlich sogar in der vegetarischen *Osteria Candosin* nicht fehlen durfte – was von vielen seiner früheren und nicht rein vegetarischen Gäste geschätzt wurde. Die Füllung bestand aus luftgetrocknetem Schinken, Fleisch vom Suppenhuhn und Parmesan, fein abgeschmeckt und eingepackt in einen möglichst dünnen Teig. So wie er aus der Maschine kam, war er ihm noch zu dick: ein bisschen ziehen, ein wenig zupfen, Füllung drauf verteilen, Rechtecke schneiden, zusammenfalten, festdrücken. Einmal vormachen, jetzt bist du dran! Die Ravioli wurden nach dem Kochen in reichlich (wirklich reichlich) Butter geschwenkt – finito. Für die vegetarische Küche hat er natürlich fleischlose Ravioli zubereitet, etwa mit einer Füllung aus Cima di rapa, Spinat, Ricotta und Parmesan. Was Cima di rapa war, musste man den Gästen häufig erklären, das galt auch für den Barba di frate oder den Cavola nero. Allesamt Gemüse, die (noch) wenigen vertraut waren, die Carlo jedoch mochte und mit stoischer Geduld unter das Publikum brachte. *Fatta in casa*, hausgemacht, das war bei Carlo wörtlich zu nehmen und ist erst recht auch für den privaten Haushalt gültig. Ein Sugo di pomodoro zu kochen, ist einfach, schnell, günstig – und das Resultat immer überzeugend. Das gilt übrigens auch für die Gemüsebrühe. Ein großer Topf voll Gemüsebrühe simmerte in Carlos Küche immer auf dem Herd vor sich hin.

Menu di marzo

PRIMO

Barba di frate, Insalata di finocchio e mousse di pecorino

Gedämpfter Mönchsbart sowie dünn geschnittener Fenchelsalat mit Pecorinomousse-Nocken

SECONDO I

Frittata di spinaci su lenticchie nere con pomodori e basilico

Spinat-Eierkuchen mit schwarzen Beluga-Linsen, Tomaten & Basilikum

SECONDO II

Risottino con zucchine – servito con una crema di taleggio e nocciole tostate

Zucchini-Risotto – serviert mit einer Taleggio-Crème & gerösteten Nüssen

DOLCE

Bunet bianco e nero

Piemontesischer Flan – einmal dunkel, einmal hell

PRIMO

Mönchsbart & Fenchelsalat mit Pecorinomousse-Nocken

1 Portion Pecorinomousse (s. S. 13)
400 g Fenchel
1 EL Zitronensaft
1 EL frischer Majoran
3 EL Olivenöl
Salz, schwarzer Pfeffer

1 EL Zitronensaft
1 EL Aceto Balsamico di Modena
4 EL Olivenöl
Salz, Pfeffer
1 EL Kapern (in Lake eingelegt)
1/4 Bund glatte Petersilie
2 Bund Mönchsbart (etwa 400 g)
1 EL Olivenöl
1 EL Akazienhonig

Die Pecorinomousse zubereiten wie im Grundrezept auf Seite 13.
Den Fenchel gut putzen, die trockenen äußeren Blätter wegschneiden, die Knolle halbieren und in sehr dünne Scheiben hobeln.
Die Fenchelscheiben in einer Schüssel mit dem Zitronensaft gut vermengen, und 30 Min. zugedeckt im Kühlschrank ziehen lassen.
Den Majoran abzupfen und mit dem Olivenöl unter den Fenchel mischen, mit Salz und Pfeffer aus der Mühle würzen.
Die Kapern gut abspülen und die Petersilie hacken. Den Aceto Balsamico mit dem Zitronensaft, Salz und Pfeffer verrühren. Olivenöl angießen und kräftig verrühren, danach die Kapern und Petersilie daruntermischen.
Die Wurzeln vom Mönchsbart großzügig abschneiden, und die Stiele sehr gut waschen. 1 EL Olivenöl in einer Bratpfanne erhitzen, den Mönchsbart tropfnass hineingeben und bei mittlerer Hitze 3 Min. dünsten, dann wenden und weitere 3 Min. dünsten.
Aus der Pfanne nehmen und mit der Vinaigrette vermischen.
Den lauwarmen Mönchsbart auf vier Tellern anrichten, den Fenchelsalat daraufgeben, nach Belieben mit Honig beträufeln. Mit zwei Esslöffeln aus der Pecorinomousse vier Nocken abstechen und jeweils auf den Fenchelsalat setzen. Nach Belieben einige Spritzer Olivenöl daraufgeben.

SECONDO I

Spinat-Eierkuchen, dazu schwarze Beluga-Linsen, Tomaten & Basilikum

100 g schwarze Beluga-Linsen
1 EL Olivenöl
2 kleine Tomaten
2 Stengel Basilikum
etwas Zitronensaft
Salz
250 g frischer Blattspinat
1 Zwiebel
3–4 EL Olivenöl
Salz, schwarzer Pfeffer
30 g geriebener Parmesan
4 Bio-Eier

Die Beluga-Linsen in ein Sieb geben und gut abspülen, danach in einem Topf mit doppelt so viel Wasser in etwa 20 Min. gar kochen, die Linsen sollten noch ein wenig Biss haben. Abkühlen lassen.
Die Tomaten kleinschneiden, Basilikum hacken. Mit dem Olivenöl und nach Belieben einigen Spritzern Zitronensaft unter die Linsen mischen, leicht salzen und durchziehen lassen.
In der Zwischenzeit den Spinat waschen, und kurz in Salzwasser blanchieren, mit kaltem Wasser abschrecken, gut abtropfen lassen, dann die Restflüssigkeit sorgfältig ausdrücken und den Spinat grobhacken.
Backofen auf 200 °C vorheizen.
Die Zwiebel feinhacken.
In einer ofenfesten Bratpfanne 2–3 EL Olivenöl erhitzen, Zwiebeln hineingeben und braten, bis sie weich und glasig sind. Spinat hinzufügen, verrühren und mit Salz und Pfeffer abschmecken.
Die Eier verquirlen, Parmesan, Salz, Pfeffer und 1 EL Olivenöl dazugeben und gut verrühren.
Diese Masse über den Spinat geben und schnell vermischen. Die Pfanne in den heißen Ofen geben, und die Frittata 15–20 Min. backen. Aus dem Ofen nehmen und beiseitestellen.
Den Linsensalat auf vier Tellern anrichten. Die Frittata teilen, die eine Hälfte beiseitestellen (schmeckt wunderbar als Mittagessen für zwei mit einem Salat dazu am nächsten Tag), die andere Frittatahälfte vierteln. Nach Belieben mit Olivenöl beträufeln und einem Basilikumblatt garnieren.

SECONDO II

Zucchini-Risotto mit Taleggio-Crème & gerösteten Nüssen

30 g gehackte Haselnüsse oder Pinienkerne
4 kleine Zucchini
1½ EL Olivenöl
1 Schalotte
30 g Butter
180 g Carnaroli-Reis
50 ml Weißwein
etwa 650 ml heiße Gemüsebrühe (s. S. 16)
Salz, schwarzer Pfeffer
30 g geriebener Parmesan
100–150 g Taleggio
200 ml Sahne

Die Haselnüsse oder Pinienkerne in einer Bratpfanne ohne Fett rösten und beiseitestellen.
Die Zucchini waschen und feinraffeln, die Masse abtropfen lassen und, wenn nötig, überschüssige Flüssigkeit ausdrücken. Das Olivenöl erhitzen und die feinen Zucchinistifte darin andünsten.

Die Gemüsebrühe einmal aufkochen lassen und warmhalten.
Die Schalotte feinhacken. Die Butter in einem großen Topf zerlassen, die Schalotte darin glasig werden lassen. Dann den Reis hinzufügen und unter ständigem Rühren glasig dünsten, danach mit Weißwein ablöschen, und einkochen lassen, bis der Reis fast trocken erscheint.
Nach und nach die heiße Gemüsebrühe dazugeben, dabei stetig rühren.
Von 100 g Taleggio die Rinde entfernen, und den Käse kleine Stücke schneiden. Die Sahne in einem kleinen Topf erhitzen, und den Taleggio darin schmelzen, regelmäßig umrühren, je nach der gewünschten Intensität der Crème mehr Käse dazugeben.
Nach etwa 12 Min. die Zucchini zum Reis dazugeben und den Risotto fertig garen, das dauert je nach gewünschtem Biss insgesamt etwa 18–20 Min. Mit Salz und Pfeffer abschmecken und den geriebenen Parmesan unterziehen.
Den Risotto auf vier großen Tellern anrichten, mit der Taleggio-Crème überziehen und den gerösteten Nüssen garnieren.

DOLCE

Piemontesischer Flan – einmal dunkel, einmal hell

Für zwei 25–27-cm-Kastenformen

220 g Zucker
50 g Kakaopulver
100 g weiße Schokolade
400 g zerbröselte Amarettikekse
1400 ml Vollmilch
4 EL Cointreau oder Rum
12 Bio-Eier
140 g Zucker
4–6 EL Wasser
Beeren zur Dekoration

In einer Schüssel 110 g Zucker mit dem Kakaopulver und der Hälfte der zerbröselten Amarettikekse mischen. In einer zweiten Schüssel 110 g Zucker mit der anderen Hälfte der Amaretti mischen.
Die Hälfte der Milch mit der Hälfte des Alkohols in einem Topf heiß werden lassen. In einem zweiten Topf die andere Hälfte der Milch, des Alkohols und der in kleine Stücke gebrochenen weißen Schokolade heiß werden lassen, die Schokolade muss dabei schmelzen. Die Milch darf nicht kochen!
Die Milchmasse ohne Schokolade zu der Zucker-Kakao-Amaretti-Mischung geben und sorgfältig verrühren. Die Milchmasse mit Schokolade zu der Zucker-Amaretti-Mischung geben und auch sorgfältig verrühren.
Je 6 Eier verquirlen, unter die beiden Massen geben und gut verrühren.
Den Backofen auf 180 °C vorheizen. Zwei Kastenformen ausbuttern.
In einem Topf 140 g Zucker mit dem Wasser auf mittlerer Flamme schmelzen, bis das Karamell eine goldbraune Farbe angenommen hat.
Den Boden der ausgebutterten Kastenformen jeweils mit der Hälfte des Karamells ausgießen, mit der jeweiligen Teigmasse auffüllen und mit Alufolie bedecken.
Ein tiefes Backblech zu zwei Dritteln mit heißem Wasser füllen, die Kastenformen daraufgeben und etwa 45 Min. backen lassen. Die Folie entfernen und 30 Min. weiterbacken, bis sich eine schöne Kruste gebildet hat. Aus dem Ofen nehmen und vollständig abkühlen lassen.
Je vier dünne Stücke abschneiden und jeweils eine helle sowie eine dunkle Scheibe auf den Tellern anrichten. Mit Beeren dekorieren. Den restlichen Flan an den folgenden Tagen auffuttern. Lecker!

Menu di aprile

PRIMO

Carpaccio di pomodori gialli con Mozzarella di Bufala e crema di basilico

Dünn aufgeschnittene Scheiben von der gelben Tomate, garniert mit Büffelmozzarella & Basilikumcrème

SECONDO I

Frittata di peperoni gialli e rossi, cicorino verde e asparagi selvatici

Paprika-Eierkuchen mit grünem Cicorino-Salat & apulischem Wildspargel

SECONDO II

Pasta fresca tipo maltagliati con spugnole, asparagi selvatici e tocchetti di pomodori gialli

Frische, hausgemachte Pasta – sog. schlecht geschnittene Nudeln – mit frischen Morcheln, dazu Wildspargel & Würfel von der Ananas-Tomate

DOLCE

Caprese in bianco

Weißer Zitronen-Schokoladenkuchen – ein Rezept von der Insel Capri

PRIMO

Scheiben von der gelben Tomate mit Büffelmozzarella & Basilikumcrème

2 große gelbe Tomaten
1 Portion Basilikumcrème (s. S. 13)
Salz
2 Kugeln Büffelmozzarella (insg. etwa 250 g)

Die Tomaten waschen und den Strunk entfernen. Mit einem scharfen Messer in sehr dünne Scheiben schneiden, vier Teller mit den Tomatenscheiben auslegen und leicht salzen.
Die Basilikumcrème zubereiten wie im Grundrezept auf S. 13.
Die Mozzarella-Kugeln halbieren und je eine Hälfte auf die Tomatenscheiben setzen, das Ganze mit der Basilikumcrème beträufeln und servieren. Dazu passt frische Focaccia s. S. 17.

SECONDO I

Paprika-Eierkuchen mit Radicchio & apulischem Wildspargel

2 rote und 1 gelbe Paprikaschote
3 EL Olivenöl
6 Bio-Eier
2 EL Paniermehl
4 EL geriebener Parmesan
Salz, schwarzer Pfeffer

200 g grüner Radicchio (Cicorino)
1 EL weißer Aceto Balsamico
2 EL Olivenöl
16–24 Stangen Wildspargel
1 EL Olivenöl

Die Paprikaschoten schälen (geht am besten mit einem geriffelten Schälmesser) oder gut abwaschen. Die Schoten von den weißen Trennhäuten sowie den Kernen befreien, und das Fruchtfleisch in etwa 2 cm große Stücke schneiden.
Das Olivenöl in einem Topf erhitzen, und die Paprikastücke darin kurz anbraten, Hitze reduzieren, mit Salz und Pfeffer würzen und 15–20 Min. dünsten. Falls nötig etwas Wasser hinzugeben, damit die Paprika-

SECONDO II

stücke nicht am Pfannenboden ansetzen. Beiseitestellen.
Die Eier verquirlen, Paniermehl und Parmesan gut unterrühren. Zum Schluss die Peperoni stufato, also die geschmorten Paprika, vorsichtig unterheben und mit Salz und Pfeffer würzen.
Die Masse mit wenig Olivenöl in eine Bratpfanne geben und wenige Min. bei großer Hitze braten, dann bei mittlerer Hitze weitergaren, bis die Frittata fest ist. Vorsichtig aus der Pfanne auf einen Teller gleiten lassen.
Den grünen Radicchio waschen und den Strunk entfernen, in feine Streifen schneiden. Aceto Balsamico und Olivenöl kräftig verrühren, mit Salz und Pfeffer abschmecken und mit dem Radicchio vermischen.
Den Wildspargel waschen und falls nötig die unteren Enden abschneiden. In 1 EL Olivenöl kurz anbraten, salzen und pfeffern.
Die Frittata teilen, die eine Hälfte beiseitestellen (schmeckt wunderbar als kleines Mittagessen für zwei mit einem Salat dazu am nächsten Tag), die andere Frittatahälfte vierteln.
Den Radicchio auf vier Tellern anrichten, die Fritattaviertel auf das Salatbett setzen und mit dem gebratenen Wildspargel garnieren.

Maltagliati mit Morcheln, Wildspargel & Ananas-Tomate

200 g Pastateig (s. S. 14)
200 g frische Morcheln
200 g Wildspargel
2 gelbe Tomaten
3 EL Olivenöl
100 ml Weißwein
2 EL gehackte glatte Petersilie
100 g Sahne
Salz, Pfeffer
geriebener Parmesan oder Pecorino

Den Pastateig zubereiten wie im Grundrezept auf Seite 14. Für Maltagliati sollte der Teig zum Schluss durch die zweitdünnste Öffnung gedreht und in kurze Bahnen geschnitten werden, diese dann beliebig in Stücke schneiden oder reißen. Die einzelnen Maltagliati auf eine bemehlte Platte legen und mit einem Tuch abdecken, bis alle fertig sind.
Morcheln sind im rohen Zustand ungenießbar. Sie sollten vor der Verarbeitung mit einem Pinsel vorsichtig von grobem Dreck und Sand befreit, und dann stets

blanchiert werden. Also: Pilze putzen, größere Exemplare in Stücke schneiden und kurz in kochendem Wasser blanchieren.
Den Wildspargel waschen, wenn nötig die unteren Enden entfernen und in mundgerechte Stücke schneiden.
Die Tomaten waschen und kleinwürfeln. Die Morcheln und den Wildspargel im Olivenöl anbraten, mit Weißwein ablöschen und einkochen lassen. Mit Salz, Pfeffer und Petersilie würzen. Dann die Tomatenstücke und die Sahne hinzugeben, leicht köcheln lassen.
In der Zwischenzeit einen Topf mit Salzwasser einmal aufkochen lassen, dann vom Feuer nehmen, und die Maltagliati darin 2–3 Min. ziehen lassen, abgießen und unter die Morcheln und das Gemüse mischen. Die Pasta auf vier Tellern anrichten und mit ein wenig gehackter Petersilie bestreuen.

TIPP: Maltagliati bedeutet schlecht geschnittene Nudeln, der Name bezieht sich ursprünglich nicht auf eine eigentliche Nudelform, sondern auf die Teigränder, die übrigbleiben, wenn andere Nudeln, wie etwa Tagliatelle, zugeschnitten werden.

DOLCE

Weisser Zitronen-Schokoladenkuchen

Für 1 runde 24–26-cm-Kuchenform

180 g Zucker
200 g weiße Schokolade
150 g geschälte und geriebene Mandeln
200 g zerlassene Butter
5 Bio-Eier
1 EL Backpulver
Abrieb und Saft von 1 Amalfi-Zitrone oder Bio-Zitrone
Limoncello oder frische Erdbeeren
Puderzucker

Den Ofen auf 170 °C vorheizen.
Die Kuchenform mit Backpapier auslegen und den Rand mit Butter einfetten.
Eier mit dem Zucker schaumig rühren, bis sich das Volumen verdoppelt. Je nach Küchenmaschine dauert das 5–10 Min.
Die weiße Schokolade mit den Mandeln und der zerlassenen Butter im Standmixer zu einer Crème mixen.
Die Masse vorsichtig mit der Ei-Zucker-Masse, dem Backpulver, dem Abrieb und Saft der Zitrone vermengen und in die Backform gießen. Im heißen Ofen 20 Min. backen, dann die Form mit Alufolie abdecken und weitere 25–30 Min. backen.
Den Kuchen aus dem Ofen nehmen, mit 2–3 EL Limoncello benetzen und auskühlen lassen.
Anschließend mit Puderzucker bestreuen, jeweils ein Kuchenstück auf vier Teller verteilen und mit vier Gläsern eiskaltem Limoncello servieren und/oder alternativ mit frischen Erdbeeren.

Menu di maggio

PRIMO

Insalata di verdure cotte e grigliate con emulsione di limone

Salat vom gekochten & gegrillten Gemüse mit Zitronenemulsion – fast schon sommerlich …

SECONDO I

Parmigiana di melanzane

Kampanischer Auberginenauflauf, also mit Tomaten, Büffelmozzarella, Basilikum & Parmesan

SECONDO II

Pasta fatta in casa: Ravioli con ripieno di asparagi e ricotta, asparagi selvatici

Hausgemachte Ravioli mit einer Füllung von grünem Spargel & Ricotta garniert mit Wildspargel

DOLCE

Semifreddo di fragole con fragole fresche

Erdbeer-Halbgefrorenes mit frischen Erdbeeren

PRIMO

Salat vom gekochten & gegrillten Gemüse mit Zitronenemulsion

1 Portion Zitronenemulsion (s. S. 16)
1/2 Bund grüner Spargel
1 mittelgroße Aubergine
1 Zucchini
3 große feste Tomaten
Olivenöl
1 EL gehackte glatte Petersilie

Die Zitronenemulsion zubereiten wie im Grundrezept auf Seite 16.
Spargel waschen und schälen, die holzigen Enden abschneiden. Spargelstangen in 3 cm große Stücke schneiden. 5 Min. in sprudelndem Salzwasser kochen, sofort abgießen, abschrecken und beiseitestellen.
Das restliche Gemüse in Scheiben schneiden und mit Olivenöl in einer Grillpfanne kräftig anbraten, bis es Farbe annimmt.
Das Grillgemüse mit dem Spargel lauwarm oder kalt auf vier Tellern anrichten, mit der Zitronenemulsion beträufeln und mit der gehackten Petersilie bestreuen. Focaccia (s. S. 17) oder Baguette dazu reichen.

SECONDO I

Kampanischer Auberginenauflauf

750 g Auberginen
250 g vollreife Tomaten
250 g Büffelmozzarella
3 EL gehacktes Basilikum
50 g geriebener Parmesan
Olivenöl
Salz, schwarzer Pfeffer

Auberginen waschen und der Länge nach in 1/2 cm dicke Scheiben schneiden, in Mehl wenden und in sehr heißem Olivenöl auf beiden Seiten goldbraun braten. Auf Küchenpapier abtropfen und auskühlen lassen.
Backofen auf 200 °C vorheizen.
Tomaten über Kreuz einschneiden, mit heißem Wasser überbrühen, wenige Min. ziehen lassen, häuten und entkernen, dann in Streifen schneiden.

Büffelmozzarella gut ausdrücken und in einem Sieb abtropfen lassen, danach in Scheiben schneiden.
Eine feuerfeste Form der Reihe nach mit einer Schicht Auberginen, Tomaten, Büffelmozzarella und Basilikum belegen und so fortfahren, bis alle Zutaten aufgebraucht sind. Dazwischen nach Bedarf salzen und pfeffern. Am Schluss mit dem Parmesan bestreuen. Im vorgeheizten Ofen etwa 20 Min. backen und sofort servieren. Focaccia (s. S. 17) oder Baguette dazu reichen.

SECONDO II

Ravioli gefüllt mit grünem Spargel und Ricotta, dazu Wildspargel

1 Portion Pastateig (s. S. 14)
400 g grüner Spargel
1 Bund Wildspargel
100 g Ricotta
1 Bio-Ei
Salz, schwarzer Pfeffer
50 g Parmesan
Butter
1 EL gehackte glatte Petersilie

Den Pastateig zubereiten wie im Grundrezept auf Seite 14.
Beide Spargelsorten waschen und die holzigen Enden abschneiden, den Wildspargel beiseitelegen. Spargelstangen in 1 cm kleine Stücke schneiden, 5 Min. in sprudelndem Salzwasser weichkochen, die Stückchen mit einer Schaumkelle aus dem Wasser heben und das Spargelwasser im Topf beiseitestellen.
Die Spargelstückchen in eine Schüssel geben und mit Ricotta, Ei und Parmesan zu einer festen Masse verarbeiten, mit Salz und Pfeffer abschmecken.
Den Pastateig mehrfach durch die Nudelmaschine drehen und dabei sukzessive die Öffnung verkleinern, damit schön dünne Teigbahnen entstehen. Für Ravioli dreht man den Teig am besten zweimal durch die dünnste Öffnung.
Auf eine Teigbahn in jeweils etwa 1 cm Abstand einen guten Teelöffel der Füllung geben, eine zweite Teigbahn darüberlegen, und die Zwischenräume gut andrücken. Ravioli mit dem typischen gezahnten Teigrad oder mit einem Messer zuschneiden. Die einzelnen Ravioli auf eine bemehlte Platte legen und mit einem Tuch abdecken, bis alle fertig sind.
Den Wildspargel in Butter anbraten, salzen und pfeffern.
Das Spargelwasser salzen, in einem großen Topf zum Kochen bringen, und die Ravioli darin portionenweise (6–8) 1–3 Min. garen, bis sie oben schwimmen (je dünner der Teig, desto kürzer die Kochzeit). Die Ravioli mit einer Schaumkelle aus dem siedenden Wasser heben und in die Pfanne mit dem Wildspargel geben, schwenken, mit Petersilie bestreuen, auf vier Tellern anrichten und sofort servieren.

DOLCE

Erdbeeren-Halbgefrorenes

Für eine 15–20 cm lange Kastenform

3 Eigelb
125 g Zucker
200 g Erdbeeren
375 ml Sahne
Erdbeeren für die Deko

Die Kastenform mit Klarsichtfolie auskleiden.
Eigelb und Zucker in eine Schüssel geben und im Wasserbad so lange schaumig rühren, bis sich eine dickflüssige Crème bildet. Schüssel aus dem Wasserbad nehmen, und die Crème so lange weiterschlagen, bis sie ausgekühlt ist.

100 g Erdbeeren waschen und putzen, dann grob pürieren.
Die Sahne steifschlagen, das Erdbeerpüree sanft darunterrühren, und dann die Eigelb-Zucker-Crème vorsichtig unterheben.
Diese Masse in die vorbereitete Kastenform füllen. Die Oberfläche mit einem Löffelrücken glattstreichen und danach für mind. 4 Std. ins Tiefkühlfach stellen.
Etwa 15 Min. vor dem Servieren herausnehmen. Die Kastenform stürzen, die Folie vorsichtig entfernen, und das Semifreddo in Scheiben schneiden. Mit den restlichen frischen gewaschenen Erdbeeren dekorieren.

Grosses Frühlingsmenü

ANTIPASTO

Pane alle olive • Olivenbrot

PRIMO I

Insalata mista con mousse di parmigiano e asparagi selvatici grigliati

Gemischter Blattsalat mit Parmesanmousse & Wildspargel

PRIMO II

Zucchini ripieni su peperonata mista

Gefüllte Zucchini auf zart geschmorten roten & gelben Paprika

SECONDO I

Crespelle alla Fiorentina su crema di cavolfiore

Florentinische Crespelle-»Torte« auf Blumenkohlcrème

SECONDO II

Risotto agli asparagi • Spargel-Risotto

DOLCE

Granita alle fragole e vino rosso • Erdbeer-Rotwein-Granita

ANTIPASTO

Olivenbrot

10 g Hefe
1 Prise Zucker
5 g Salz
1/2 EL Olivenöl
100 g entsteinte ganze Oliven, gemischt oder nur eine Sorte
250 g Mehl (Type 405)
etwa 300 ml lauwarmes Wasser

Die Hefe mit der Prise Zucker in etwas lauwarmem Wasser auflösen, wenig Mehl dazugeben und etwa 30 Min. zugedeckt gehen lassen.

In einer Schüssel das Salz mit etwas Wasser auflösen und das Olivenöl einrühren. Die Oliven, das Mehl und den Vorteig dazugeben. Dann in kleinen Mengen das lauwarme Wasser hinzufügen und zu einem weichen glatten Teig verkneten.
Teig in der Schüssel abgedeckt an einem warmen Ort 1–2 Std. gehen lassen, bis er sich verdoppelt hat.
Eine lange Brotstange aus dem Teig formen und nochmals abgedeckt für 30 Min. gehen lassen.
Backofen währenddessen auf 200 °C vorheizen. Die Brotstange mit Olivenöl bepinseln und in etwa 30 Min. knusprig backen. Das lauwarme Olivenbrot in Stücke brechen und servieren.

PRIMO I

Blattsalate mit Parmesanmousse & Wildspargel

1 Portion Parmesanmousse (s. S. 13)
1 Bund Wildspargel
etwa 200 g saisonale Blattsalate
3 EL Olivenöl
1 EL weißer Aceto Balsamico
Salz, Pfeffer

Die Parmesanmousse zubereiten wie im Grundrezept auf Seite 13.
Wildspargel und Salat waschen, vom Wildspargel wenn nötig die unteren Enden abschneiden, Salat trockenschleudern.
Den Wildspargel in einer Pfanne in 1 EL Olivenöl anbraten, großzügig salzen und pfeffern.
Für das Salatdressing 2 EL Olivenöl mit dem Aceto balsamico sowie Salz und Pfeffer kräftig verrühren, mit den Blattsalaten vermischen und auf vier Tellern anrichten.
Aus dem Parmesanmousse mit zwei großen Löffeln vier Nocken ausstechen, auf den Salat geben und den lauwarmen Wildspargel darum herum anrichten.

PRIMO II

Gefüllte Zucchini auf geschmorten Paprikaschoten

1 Portion Peperonata (s. S. 14)
1 Portion Ricottafüllung (s. S. 15)
2 Zucchini
Olivenöl

Die Peperonata zubereiten wie im Grundrezept auf Seite 14.
Die Ricottafüllung zubereiten wie im Grundrezept auf Seite 15.
Backofen auf 200 °C vorheizen.
Die Zucchini waschen, halbieren und das weiche Innere mit einem scharfkantigen Löffel entfernen.
Die Ricottamasse in die Zucchinihälften geben, mit etwas Olivenöl in eine Gratinform geben und im Ofen etwa 20 Min. backen, bis sich eine goldbraune Kruste gebildet hat.
Die warme Peperonata auf vier Teller verteilen und je eine Zucchinihälfte daraufsetzen.

SECONDO I

Florentinische Crespelle-»Torte« auf Blumenkohlcrème

15 g Butter
50 g Mehl
1 Prise Salz
1 Ei
125 ml Milch
Olivenöl

15 g Butter
250 g Blattspinat
100 g Ricotta
1 Eigelb
2 EL geriebener Parmesan
1 kleiner Blumenkohl
50 g geschmolzene Butter
125 ml warme Gemüsebrühe (s. S. 16)
Salz, Pfeffer

Für die Crespelle die Butter schmelzen und abkühlen lassen.

Mehl und eine Prise Salz in eine Schüssel sieben. Das Ei und 2 EL Milch dazugeben und gut verrühren. Erst dann die übrige Milch langsam unterrühren. Es sollte ein dünner Teig ohne Klümpchen entstanden sein. Jetzt die geschmolzene Butter unter den Teig ziehen und mit dem Schneebesen luftig aufschlagen. Eine Stunde ruhen lassen.

Eine Bratpfanne mit dem Olivenöl auspinseln, die Pfanne erhitzen und 2 EL Teig hineingeben, gleichmäßig dünn in der Pfanne verteilen und etwa 2 Min. backen, bis die Crespelle goldfarben ist und einzelne kleine braune Stipser aufweist, wenden und ebenso backen, auf diese Weise 6 Crespelle herstellen und auf einen Teller schichten.

Den Spinat gut waschen, abtropfen lassen und grobhacken. In einer Pfanne bei mittlerer Hitze die Butter zerlassen, und den Spinat etwa 5 Min. darin andünsten. Währenddessen Wasser in einem Topf zum Kochen bringen. Den gewaschenen, in Röschen zerteilten Blumenkohl hineingeben und in 15 Min. weichkochen.

Den Backofen auf 180 °C vorheizen.

Den Spinat in eine Schüssel geben und mit Ricotta und dem Eigelb vermischen und mit Salz und Pfeffer würzen.

Auf einem Blech nun die »Torte bauen«. Zuerst eine Crespelle, dann ein Fünftel der Spinatmasse, dann wieder eine Crespelle usw. Mit einer Crespelle abschließen. Mit dem Parmesan bestreuen und etwa 15 Min. im Ofen überbacken, aus dem Ofen nehmen und etwas abkühlen lassen, dann in vier Tortenstücke aufteilen.

Den Blumenkohl abgießen und zusammen mit der geschmolzenen Butter und der Gemüsebrühe pürieren, je nach Konsistenz etwas mehr Brühe dazugeben. Mit Salz und Pfeffer abschmecken.

Vier Teller mit der warmen Blumenkohlcrème ausgießen, die warmen Tortenstücke daraufsetzen und servieren.

SECONDO II

Spargel-Risotto

600 g weißer oder grüner Spargel
300 g Carnaroli-Reis
50 g Butter
100 ml Weißwein
50 g geriebener Parmesan
2 EL gehackte glatte Petersilie
Salz, schwarzer Pfeffer

Grünen Spargel waschen und die holzigen Enden abschneiden; den weißen Spargel sorgfältig schälen, die Enden großzügig abschneiden. Das »Rüstzeug« (also die Spargelenden und Schalen) vom weißen Spargel in 1 l Wasser etwa 10 Min. kochen, abgießen, das Spargelwasser auffangen und beiseitestellen.
Spargelstangen in 3 cm große Stücke schneiden und 5 Min. in sprudelndem Salzwasser kochen, sofort abgießen, das Spargelwasser auffangen und beiseitestellen.

Die Hälfte der Butter in einem Topf zerlassen, den Reis hinzufügen und unter ständigem Rühren glasig dünsten, danach mit Weißwein ablöschen, und einkochen lassen, bis der Reis fast trocken erscheint. Nach und nach das heiße Spargelwasser dazugeben, dabei stetig rühren.
Nach 10–15 Min. die Spargelstücke in den Risotto geben und etwa 5 Min. mitgaren, bis ein cremiger, bissfester Risotto entstanden ist. Die restliche Butter, Parmesan sowie Petersilie untermischen, mit Salz und Pfeffer würzen und sofort servieren.

DOLCE

Erdbeer-Rotwein-Granita

400 g Erdbeeren
80 g Zucker
320 ml leichter fruchtiger Rotwein
(der Wein sollte jung sein, max. 1 Jahr gelagert)
Saft von einer 1/2 kleinen Zitrone
etwas Puderzucker

Die Erdbeeren halbieren, mit dem Zucker und dem Wein vermischen und 30 Min. ziehen lassen. Die Erdbeermischung in einen Topf geben, ganz kurz aufkochen und weitere 10 Min. leicht köcheln lassen, dabei öfter umrühren. Anschließend pürieren, durch ein Sieb in eine Schüssel streichen und abkühlen lassen.

Den Zitronensaft unter die abgekühlte Masse rühren, abschmecken und falls nötig mit etwas Puderzucker nachsüßen. Das Ganze mind. 12 Std. in den Tiefkühler stellen und fest werden lassen.

20 Min. vor dem Servieren aus dem Tiefkühler nehmen. Mit einer Gabel das gefrorene Püree aufkratzen, Granita sollte die Konsistenz von Schnee haben. Die Granita in Dessert- oder Martinigläser füllen und sofort servieren.

Der Sommer in der Osteria Candosin

Es war in der Regel ziemlich ruhig in der Osteria während der Sommerzeit, nicht zuletzt deshalb, weil das Restaurant nur wenige Außenplätze hatte, an die man sich nur mit Carlos Widerwillen setzen durfte, so er sich denn überhaupt dazu bequemte, Tische und Stühle aus dem Keller zu holen. Das Servicepersonal, das sich damit Wege sparte, dankte und die Gäste verziehen es ihm. Das Ambiente rund ums Essen war ihm wichtig, und Carlo verwendete viel Zeit und Aufwand, sein Restaurant so einzurichten, dass man sich wohlfühlte. Warum also draußen sitzen, wenn es drinnen so schön hergerichtet war?
Hunderte von Kochbüchern in unzähligen Sprachen füllten die Regale in der Osteria. Sie durchzublättern war den Gästen wie auch Carlo selbst immer wieder ein Vergnügen. Zudem hatte er einzelnen Verlagen Plätze im Regal zugestanden, um deren neueste Kochbücher zu präsentieren, die man im Restaurant auch kaufen konnte.
Hausgemachte Bücher stand in einem Regal auf einer Tafel, darunter ausgestellt waren seine eigenen Bücher und die, die in der Edition *Cucina e Libri* erschienen sind. Zum Beispiel ein kleines hübsches Buch über Spargel und ein ebenso hübsches über den Apfel. Aus Verlegersicht waren sie keine Bestseller, aber sie unterstrichen seinen Drang, Dingen in der Küche auf den Grund zu gehen. Etwa, wenn es darum ging, wie er seine geliebten Kirschen unterbringen konnte, die dann schließlich aufgespießt neben Melone, Pfefferminz und Burrata in einer Melonensuppe serviert wurden. Das war einer dieser Gänge, auf die man sich schon beim Lesen freut, insgeheim

befürchtet, die Kombination könne fehlschlagen, letztlich aber zufrieden den Teller ausputzt und sich zur Wahl gratuliert.

Seine Abneigung gegen die Außenplätze hatte vielleicht auch damit zu tun, dass er seine Gäste nicht im Auge behalten konnte. Denn sein liebster Platz, nebst dem am Herd, war ein kleiner Tisch im hinteren Teil der Gaststube, wo er sich ausruhte, gelegentlich Büroarbeiten erledigte, Gäste begrüßte und verabschiedete. Freunde und Freundinnen konnten sich darauf verlassen, dass er ihnen dort immer einen Platz freihielt. Nicht selten setzte sich ein Gast nach dem Essen zu ihm, bekam noch ein Glas kredenzt oder – vor dem Essen – eine Flasche Wein vorgeschlagen, die nicht auf der Karte stand, die er aber wunderbarerweise mit einem Griff von unter dem Tisch nach oben zauberte.

Das war auch der Tisch, an dem er jeden Tag von neuem die Speisekarte schrieb. Erst von Hand, später auf einer tonnenschweren Kugelkopfschreibmaschine, die dazu auch noch einen Höllenlärm machte, wenn er in die Tasten griff. Allfällige Schreibfehler wurden sorgsam mit dem Füller von Hand korrigiert. *Fatta in casa* (hausgemacht), auch hier. Was auf die Speisekarte kam, wurde häufig erst spät entschieden. Carlo wusste, was in der Küche vorhanden war, hatte vielleicht auch schon einiges vorbereitet oder Anweisung dazu gegeben, wie die einzelnen Zutaten dann aber kombiniert und angerichtet werden sollten, dazu entschied er sich meist sehr spontan. Auf die Gäste musste er insofern keine Rücksicht nehmen, als es nichts zu wählen gab – außer der Entscheidung, vier oder drei Gänge.

Die *Osteria Candosin* war klein, knapp 30 Personen konnten ohne Platzangst essen. Das hatte auch den Vorteil, dass man sich in der Küche gewisse Extravaganzen leisten konnte. Mangold etwa ist in der Zubereitung aufwendig, Carlo hat ihn oft in Variationen eingesetzt. Kastanien mochte er und das Mehl davon kam – obwohl es verhältnismäßig teuer ist – häufig zum Einsatz. Die zarten Zucchiniblüten musste man mit Bedacht verarbeiten. Aufwände, die er nicht scheute und seine Küchenhilfen nicht scheuen durften.

Die Dolci waren Carlo ein besonderes Anliegen. Sein Schokoladenkuchen war legendär – und ist es noch, wenn man ihn selbst zubereitet. Tiramisù kam in schöner Regelmäßigkeit und in ebenso schönen Variationen auf den Tisch. Weiße Schokoladen, von vielen mit Verachtung gestraft, verwendete er ohne Bedenken. Ziemlich allen seinen Nachspeisen war eines gemein, sie wurden mit gehackten Pistazien bestreut, die nicht nur für den Farbtupfer sorgten, sondern auch für den kleinen Biss, der aus einem Kuchen eben einen Kuchen von Carlo machte.

Menu di giugno

PRIMO

Mille foglie di pane Carasau e verdure grigliate con crema di basilico

Millefeuille vom sardischen Brot (Carta da Musica, Pane Carasau) mit gegrilltem Gemüse & Basilikumcrème

SECONDO I

Insalata di lenticchie nere con peperoni gialli e sedano, involtino di melanzane, fiori di zucchine fritti

Beluga-Linsen-Salat mit gelben Paprikawürfelchen, Staudensellerie sowie einer Auberginenroulade gefüllt mit Robiola & garniert mit frittierten Zucchiniblüten

SECONDO II

Ravioli con ricotta e limone

Ravioli (hausgemacht, logisch) mit Zitronen-Ricottafüllung. Schmecken am besten mit Amalfi-Zitronen!

DOLCE

Fragole con creme di mascarpone o quasi un Tiramisù

Erdbeeren mit Mascarponecrème & Amaretto, fast ein Tiramisù

PRIMO

Millefeuille vom sardischen Brot mit Gemüse und Basilikumcrème

1 Packung Pane Carasau
1 kleine Zucchini
1 kleine Aubergine
1 Fenchel
1 Paprika (oder sonstiges Saisongemüse)
2 EL Olivenöl
Salz, Pfeffer
1 Portion Basilikumcrème (s. S. 13)

Die Basilikumcrème zubereiten wie im Grundrezept auf Seite 13.
Das Gemüse waschen und in Scheiben oder Streifen schneiden und in einer heißen Grillpfanne kräftig in Olivenöl anbraten. Großzügig mit Salz und Pfeffer abschmecken.
Das Pane Carasau in Stücke brechen.
Auf vier Tellern eine Schicht Gemüse anrichten, mit ein wenig Basilikumcrème beträufeln, Stücke vom Pane Carasau daraufgeben, dann wieder eine Schicht Gemüse, so insgesamt 3–4 Schichten »auftürmen«. Zum Schluss mit der restlichen Basilikumcrème verzieren und vorsichtig servieren, damit der »Turm« nicht zusammenbricht.

Tipp: Die Besucher vom Festland nannten das typische dünne, fast durchsichtige sardische Fladenbrot nicht Pane Carasau, wie die Einheimischen es nennen, sondern Carta da musica, also Notenpapier. Die Herstellung ist ziemlich aufwendig, da die Fladen aber sehr lange haltbar sind, lohnt es sich, eine Packung von etwa 250 Gramm beim italienischen Comestible zu kaufen oder zu bestellen.

SECONDO I

Linsensalat dazu Auberginenrouladen & frittierten Zucchiniblüten

1 Aubergine
100 g Robiola
1/2 EL Paniermehl
Salz, schwarzer Pfeffer
Olivenöl

150 g schwarze Beluga-Linsen
1 EL Olivenöl
1 kleine gelbe Paprika
2–3 Stangen Staudensellerie
etwas Zitronensaft
Salz
4 Zucchiniblüten
40 g Mehl
100 ml kaltes Leitungswasser
Olivenöl
Salz, Pfeffer
1 EL gehackte glatte Petersilie

Die Beluga-Linsen in ein Sieb geben und gut abspülen, danach in einem Topf mit doppelt so viel Wasser in etwa 20 Min. gar kochen, die Linsen sollten noch etwas Biss haben. Abkühlen lassen.

In der Zwischenzeit den Ofen auf 200 °C vorheizen. Die Aubergine waschen und der Länge nach in 1/2 cm dicke Scheiben schneiden, und sofort im heißen Olivenöl beidseitig goldbraun braten, danach auf Küchenpapier abtropfen lassen.
Den Robiola in dünne Scheiben schneiden, auf die Auberginenscheiben legen, pfeffern und, je nachdem wie salzig der Käse ist, salzen und zu einer Roulade rollen. Die Rouladen (mind. 4 Stück) in eine feuerfeste Form legen und mit dem Paniermehl bestreuen. Im vorgeheizten Ofen etwa 20 Min. gratinieren.
Die Paprikaschote und den Stangensellerie waschen und in kleine Stücke schneiden. Mit dem Olivenöl und nach Belieben einem Spritzer Zitronensaft unter die Linsen mischen, leicht salzen und durchziehen lassen.
Den Linsensalat auf vier Tellern anrichten. Zucchiniblüten der Länge nach mit einer Schere vorsichtig aufschneiden, die Blütenstempel entfernen und säubern.
Das Mehl mit dem Wasser zu einem lockeren Teig vermengen (er muss noch flüssig sein) und mit etwas Salz und Pfeffer würzen. Die Blüten in den Teig tauchen und in reichlich Olivenöl frittieren, bis sie schön goldbraun geworden sind.
Sofort eine Zucchiniblüte mit einer Roulade auf dem Linsensalat anrichten und mit gehackter Petersilie bestreuen.

SECONDO II

Ravioli mit Zitronen-Ricotta-Füllung

1 Portion Pastateig (s. S. 14)
2 Bio- oder Amalfi-Zitronen
1 kleines Bund glatte Petersilie
50 g Parmesan
400 g Ricotta
Butter
etwas Gemüsebrühe (s. S. 16)
Salz

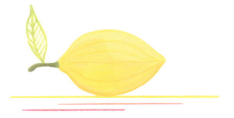

Den Pastateig zubereiten wie im Grundrezept auf Seite 14.
Zitronen und Petersilie gut waschen und trocknen, dann die Schale der Zitrone fein abreiben und die Petersilie feinhacken. Den Parmesan reiben, zusammen mit dem Ricotta, 1 EL Petersilie und dem Zitronenabrieb gut vermischen.
Den Pastateig mehrfach durch die Nudelmaschine drehen und dabei sukzessive die Öffnung verkleinern, damit dünne Teigbahnen entstehen. Für Ravioli dreht man den Teig am besten zweimal durch die dünnste Öffnung. Auf eine Teigbahn mit etwa 1 cm Abstand einen guten Teelöffel der Füllung geben und eine zweite Teigbahn darüberlegen. Die Zwischenräume gut andrücken. Ravioli mit dem typischen gezahnten Teigrad oder mit einem Messer zuschneiden.
Die Ravioli auf eine bemehlte Platte legen und abdecken, bis alle fertig sind.
Salzwasser zum Kochen bringen und die Ravioli darin portionenweise 1–3 Min. garen, bis sie nach oben schwimmen (je dünner der Teig, desto kürzer die Kochzeit). Die Ravioli aus dem siedenden Wasser nehmen und in einer Pfanne mit geschmolzener Butter und etwas Gemüsebrühe schwenken, mit Petersilie und allenfalls etwas Meersalz abschmecken.

TIPP: Diese Ravioli schmecken am allerbesten mit Amalfi-Zitronen.

DOLCE

Erdbeeren mit Mascarponecrème & Amaretto

500 g Mascarpone
40–50 g Zucker
3 Bio-Eier
150 g Amarettikekse
etwas Amaretto
400 g Erdbeeren

Mascarpone mit dem Zucker verrühren, dabei so viel Zucker nehmen, bis die gewünschte Süße erreicht ist.

Die Eier trennen, und das Eiweiß steifschlagen. Das Eigelb gleichmäßig unter die Mascarponemasse rühren, den Eischnee vorsichtig unterziehen. Die Crème im Kühlschrank etwa 3 Std. oder länger ruhen lassen.
Die Erdbeeren je nach Größe vierteln oder achteln, mit ein wenig Zucker bestreuen, beiseitestellen.
Zum Servieren die Amarettikekse zerbröseln und in 4–6 nicht zu schmale Gläser füllen, mit ein wenig Amaretto beträufeln. Die Mascarponecrème daraufschichten und zum Schluss die Erdbeeren darauf anrichten.

TIPP: Eigentlich sind alle Rezepte für 4 Personen berechnet, aber Mascarpone gibt es eben in 500 g Packungen. So hat man zwar 2 Portionen mehr, aber die Erfahrung hat gezeigt, dass sie den Abend nicht überleben werden.

Menu di luglio

PRIMO

Spiedino di melone, ciliegie, menta e burrata su zuppa di melone

Kalte Melonensuppe mit einem Spieß von Melone, Kirsche, Pfefferminze & Burrata

SECONDO I

Peperonata mista con stick di melanzane alla milanese

Geschmorte gelbe & rote Paprikaschoten mit Auberginen-Sticks alla Milanese

SECONDO II

Tagliatelle con piselli e carciofini

Hausgemachte Tagliatelle mit frischen Erbsen & kleinen Artischocken

DOLCE

Tiramisù ai lamponi, crumble di cioccolata bianca e pistacchi

Himbeertiramisù mit Pistazien & Streuseln von weißer Schokolade

PRIMO

SECONDO I

Melonensuppe mit einem Spiess von Melone, Kirsche, Pfefferminze & Burrata

Geschmorte gelbe & rote Paprikaschoten mit Auberginen-Sticks alla Milanese

etwa 450 g Cavaillon- oder
Cantaloupe-Melone
1 EL Portwein oder Sherry
100 ml Gemüsebrühe (s. S. 16)
1/2 EL Zitronensaft
Salz, Pfeffer
4 Kirschen
1 Zweig Pfefferminze
1 Burrata oder Büffelmozzarella

1 Portion Peperonata (s. S. 14)
1 Aubergine
Salz, schwarzer Pfeffer
1½ EL Mehl
2 Bio-Eier
50 g geriebener Pecorino
200 ml Olivenöl
4 Schnitze von 1 Bio-Zitrone
4 Thymianzweige

Melone halbieren und entkernen, vier Bällchen mit dem Kugelausstecher ausstechen. Das restliche Fruchtfleisch auslösen und zusammen mit dem Portwein, der kalten Gemüsebrühe und dem Zitronensaft pürieren, mit Salz und Pfeffer abschmecken, evtl. im Kühlschrank kalt stellen – je nach gewünschter Temperatur der Suppe, von zimmerwarm bis erfrischend kalt.
In der Zwischenzeit eine Melonenkugel, ein Minzblatt, eine entsteinte Kirsche und ein kleines Stück Burrata auf einen Holzspieß stecken. Die Suppe in Gläsern anrichten, und den Spieß darüberlegen.

SECONDO II

Tagliatelle mit frischen Erbsen & kleinen Artischocken

Die Peperonata zubereiten wie im Grundrezept auf Seite 14.
Die Aubergine waschen und quer in etwa 1 cm dicke Scheiben schneiden, auf beiden Seiten mit Salz und Pfeffer leicht würzen. Danach die Scheiben in etwa 1 cm dicke Sticks schneiden.
Das Mehl in einen Teller geben, die Eier mit dem Pecorino in einem zweiten Teller kräftig verquirlen.
Die Sticks im Mehl wenden, überschüssiges Mehl abschütteln.
Olivenöl in einer Pfanne erhitzen, die Sticks nacheinander durch die Eimischung ziehen und braten, bis sie schön goldbraun sind. Aus der Pfanne nehmen, auf Küchenpapier abtropfen lassen und im Backofen bei 50–70 °C warmhalten, bis alle Sticks fertig sind.
Danach die lauwarme Peperonata auf vier Teller geben, die warmen Auberginensticks darauf anrichten und mit einem Zitronenschnitz sowie einem Thymianzweig garniert servieren.

200 g Pastateig (s. S. 14)
300 g kleine Artischocken
150 g frische oder gefrorene Erbsen
Saft von einer 1/2 Zitrone
3 EL Olivenöl
1 Knoblauchzehe
150 ml Weißwein
2 EL gehackte glatte Petersilie
1 EL frisch gezupfter Majoran
100 ml Sahne (Zimmertemperatur)
4 EL geriebener Pecorino
Salz, schwarzer Pfeffer

Den Pastateig zubereiten wie im Grundrezept auf Seite 14.
Artischocken am Stiel (wenn vorhanden) säubern, die Spitzen mit einem scharfen Messer abschneiden, und die äußeren harten Blätter entfernen, Artischocken in Viertel schneiden und in eine Schüssel mit Wasser und Zitronensaft geben.
In einer Pfanne das Olivenöl erhitzen, die gehackte Knoblauchzehe, die gut abgetropften Artischocken sowie die Erbsen

dazugeben, und 3 Min. bei mittlerer Hitze braten.
Mit Weißwein ablöschen, und das Gemüse zugedeckt bei niedriger Hitze 15 Min. garen; nach Bedarf etwas Wasser nachgießen, warmhalten.
In der Zwischenzeit den Pastateig mehrfach durch die Nudelmaschine drehen, und dabei sukzessive die Öffnung verkleinern, damit dünne Teigbahnen entstehen. Für die Tagliatelle sollte der Teig durch die zweitdünnste Öffnung gedreht und zu Tagliatelle geschnitten werden, danach auf eine bemehlte Platte legen und mit einem Tuch abdecken, bis alle fertig sind.

Pasta in reichlich kochendem Salzwasser 2–3 Min. gar werden lassen, dann abgießen, sofort die Kräuter, das warme Gemüse und die Sahne sorgfältig mit den heißen Nudeln vermengen und mit Salz und Pfeffer abschmecken. Mit Pecorino bestreuen und sofort servieren.

TIPP: Tiefgefrorene Erbsen erhält man das ganze Jahr über ohne Probleme, aber frische Erbsen sind im Geschmack ungleich besser und süßer. Auch wenn das Auslösen Arbeit macht, geschmacklich ist es ein Gewinn und die Tiefkühlerbsen geraten für lange Zeit in Vergessenheit.

DOLCE

Himbeer-Tiramisù mit Pistazien & Schokostreuseln

300 g Himbeeren
30 g Zucker
3 Bio-Eier
50 g Zucker
1 EL Vanillezucker
300 g Mascarpone
abgeriebene Schale von 1/2 Bio-Zitrone
100 g Löffelbiskuit
4 EL Himbeersirup oder Himbeergeist
50 g gehackte weiße Schokolade
50 g gehackte Pistazien

Die Himbeeren vorsichtig mit dem Zucker vermischen und kühlstellen.
Die Eier trennen, das Eiweiß sehr steifschlagen.
Eigelb mit dem Zucker und Vanillezucker kräftig zu einer schaumigen Masse verrühren. Dann Mascarpone mit der abgeriebenen Zitronenschale dazugeben und zu einer homogenen Crème verarbeiten.
Den Eischnee mit gleichmäßigen sanften Bewegungen unterheben.
Eine Glasschale mit den Löffelbiskuits auskleiden und sorgfältig mit dem Himbeersirup oder -geist beträufeln.
Die Himbeeren vorsichtig abgießen, und den Saft über die Löffelbiskuits geben.
Die Hälfte der Crème über die Löffelbiskuits verteilen, die Himbeeren daraufgeben, mit der restlichen Crème bedecken, und das Ganze mit einem Löffelrücken glattstreichen.
Mindestens 6 Std., vorzugsweise aber 12 Std. im Kühlschrank ruhen lassen.
Vor dem Servieren mit den Schokoladenstreuseln und Pistazien bestreuen.

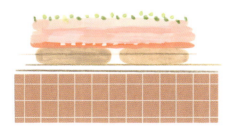

Menu di agosto

PRIMO

Fiori di zucchini ripieni, zucchini brasati al burro

Gefüllte Zucchiniblüten mit geschmorten kleinen Zucchini

SECONDO I

Sorbetto di Peperoni, crema di fagioli bianchi, pane all'anice

Paprikasorbet auf einer Crème von weißen Bohnen mit Anisbrot

SECONDO II

Ravioli al limone con ripieno di bietole, ricotta di bufala e parmigiano

Mit Zitronen parfümierte Ravioli, gefüllt mit Mangold, Büffelmilch-Ricotta & Parmesan

DOLCE

Crema di albicocche con crumble di cantucci e Amaretto

Aprikosen-Ricotta-Crème mit Cantucci sowie ein wenig Amaretto

PRIMO

Gefüllte Zucchiniblüten mit geschmorten Zucchini

250 g Zucchini
1 kleine Schalotte
25 g Butter
Olivenöl
1/2 TL frischer Thymian
Salz, schwarzer Pfeffer

4 Zucchiniblüten
40 g Mozzarella Fior di latte (oder Ricotta)
1/2 Eigelb
1 EL gehackte glatte Petersilie
etwas gehacktes Basilikum
abgeriebene Schale von 1/2 Bio-Zitrone
1/2 Knoblauchzehe, feingehackt
20 g geriebener Parmesan
4 Schnittlauchstengel
2 EL Olivenöl
25 g Butter
Mehl
Salz, schwarzer Pfeffer

Zucchini putzen waschen und in kleine Stücke schneiden. Schalotte in feine Ringe schneiden.
Butter sowie etwas Olivenöl in einer Pfanne erhitzen, Schalottenringe und Zucchiniwürfel darin etwa 15 Min. bei mittlerer Hitze anbraten, zum Schluss den frischen gehackten Thymian unterrühren. Mit Salz und Pfeffer abschmecken und warmstellen.
Zucchiniblüten der Länge nach mit einer Schere vorsichtig aufschneiden, die Blütenstempel entfernen und säubern.
Mozzarella Fior die latte mit Eigelb, Petersilie, Basilikum, Zitronenschale, Knoblauch und Parmesan zu einer homogenen Masse verrühren und mit Salz und Pfeffer würzen. Die Masse mit einem Teelöffel in die Blüten füllen, und die Blüten jeweils mit einem Schnittlauchstengel zusammenbinden.
Olivenöl und Butter in der Pfanne erhitzen. Die Blüten in Mehl wenden und in der Pfanne bei mittlerer Hitze goldbraun braten.
Die Zucchiniwürfel auf 4 Teller geben, die Zucchiniblüten darauf anrichten und sofort servieren.

SECONDO I

Paprikasorbet auf einer Crème von weissen Bohnen mit Anisbrot

75 g Zucker
150 ml Wasser
600 g rote Paprikaschote
1½ EL Zitronensaft
3/4 TL Salz
etwas Pfeffer

200 g weiße Cannellini-Bohnen
2 Salbeistengel
1–2 EL Zitronensaft
Salz, schwarzer Pfeffer

275 g Mehl
3 großzügige Prisen Salz
3 Prisen Zucker
1 TL Anissamen
1½ TL Backpulver
50 g zerlassene abgekühlte Butter
3 Bio-Eier
180 ml Milch

1 kleine Zucchini
2 mittelgroße Karotten
einige bunte Kirschtomaten
Olivenöl, Salz, schwarzer Pfeffer

Die Canellini-Bohnen über Nacht in kaltem Wasser einweichen.
Zucker mit 150 ml Wasser in einem Topf unter Rühren aufkochen lassen, Hitze reduzieren und etwa 2 Min. köcheln lassen, beiseitestellen und abkühlen lassen.
Die Paprikaschoten schälen (geht am besten mit einem geriffelten Schälmesser) oder sehr gut waschen. Die Schoten entkernen und von den weißen Innenwänden befreien. Das Fruchtfleisch in etwa 2 cm große Würfel schneiden.
Paprikawürfel und Zitronensaft zum Zuckersirup geben und pürieren, mit Salz und Pfeffer abschmecken. Wer das Sorbet sehr fein und zart vorzieht, gibt die Masse nochmals durch ein Sieb.
Die Masse in einer Eismaschine zu Sorbet verarbeiten oder in eine Chromstahlschüssel geben und zugedeckt etwa 3 Std. gefrieren lassen, dabei zwei- bis dreimal mit einer Gabel kräftig durchrühren.
Das Bohneneinweichwasser abgießen, und die Bohnen in einem Topf mit reichlich Salzwasser einmal aufkochen lassen. Vom Salbeistengel ein großes Blatt beiseitelegen, den Rest zu den Bohnen geben und bei mittlerer Hitze etwa eine Std. weichköcheln lassen.
Bohnen abgießen, dabei ein wenig Kochwasser auffangen. Salbei entfernen, und die Bohnen mit einem Stabmixer pürieren, dabei 2–3 EL Kochwasser hinzufügen, mit Salz, Pfeffer und Zitronensaft abschmecken.

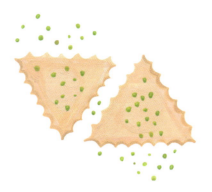

Das Salbeiblatt feinhacken und unter die Bohnencrème rühren.
Backofen auf 180 °C vorheizen.
Mehl, Salz, Zucker, Anissamen und Backpulver in einer Schüssel vermengen.
Eier mit der Butter und der Milch verquirlen und mit der Mehlmischung zu einem glatten Teig verrühren. In eine ausgebutterte kleine Kasten- oder Kuchenform geben und im heißen Ofen etwa 25–30 Min. backen.

Zucchini in Scheiben schneiden, Karotten längs halbieren und dann in Streifen schneiden und die Tomaten halbieren. Alles im Olivenöl in einer Grillpfanne kräftig anbraten, und mit Salz und Pfeffer abschmecken.
Auf vier Tellern die Bohnencrème als Spiegel anrichten, je 1 Kugel Paprikasorbet daraufsetzen, mit je 2 Scheiben Anisbrot einrahmen und mit dem gegrillten Gemüse garnieren.

SECONDO II

Ravioli gefüllt mit Mangold, Ricotta & Parmesan

1 Portion Pastateig (s. S. 14)
400 g Mangold
100 g Büffelmilch-Ricotta
1 Ei
50 g Parmesan
abgeriebene Schale
und Saft von 1 Bio-Zitrone,
Salz, schwarzer Pfeffer
Butter
etwas Gemüsebrühe
(s. S. 16)
1 EL gehackte glatte Petersilie

Den Pastateig zubereiten wie im Grundrezept auf Seite 14.
Die Mangoldblätter gut waschen und in siedendem Salzwasser kurz blanchieren, abgießen, ausdrücken und auskühlen lassen. Danach kleinschneiden.
In einer Schüssel den kleingeschnittenen Mangold, Ricotta, Ei, Parmesan und Zitronenschale zu einer festen Masse verarbeiten, mit etwas Zitronensaft sowie Salz und Pfeffer abschmecken. Den Pastateig mehrfach durch die Nudelmaschine drehen und dabei sukzessive die Öffnung verkleinern, damit dünne Teigbahnen entstehen. Für Ravioli sollte der Teig am besten zweimal durch die dünnste Öffnung gedreht werden.
Auf eine Teigbahn in jeweils etwa 1 cm Abstand einen guten Teelöffel der Füllung geben, eine zweite Teigbahn darüberlegen, und die Zwischenräume gut andrücken. Ravioli mit dem typischen gezahnten Teigrad oder mit einem Messer zuschneiden. Die einzelnen Ravioli auf eine bemehlte Platte legen und mit einem Tuch abdecken, bis alle fertig sind.
Salzwasser in einem großen Topf zum Kochen bringen, und die Ravioli darin portionenweise (6–8 Stück) 2–3 Min. garen, bis sie oben schwimmen (je dünner der Teig, desto kürzer die Kochzeit). Die Ravioli mit einer Schaumkelle aus dem siedenden Wasser heben und in einer Pfanne mit geschmolzener Butter sowie etwas Gemüsebrühe schwenken, mit Petersilie und evtl. etwas Meersalz abschmecken.

DOLCE

Aprikosen-Ricotta-Crème mit Cantucci & Amaretto

350 g Aprikosen
20 g Zucker
180 ml Sahne
180 g Ricotta
35–40 g Zucker
2–3 EL gehackte Cantucci (Mandelkekse)
Amaretto-Likör

Die Früchte waschen und zwei schöne Aprikosen beiseitelegen. Die restlichen Aprikosen halbieren und entsteinen. Die Früchte etwa 5 Min. auf einem Siebeinsatz über kochendem Wasser dämpfen.

Das Fruchtfleisch durch ein Sieb streichen, dann den Zucker unter das heiße Püree rühren, bis er sich aufgelöst hat. Das Püree gut auskühlen lassen, evtl. noch mit Zucker abschmecken, es soll allerdings ein wenig säuerlich schmecken. Dann im Kühlschrank ruhen lassen.

Sahne, Ricotta und Zucker steifschlagen, bis sich schöne Spitzen bilden.

Die zwei Aprikosen in kleine Stücke schneiden. Die Hälfte der Crème in vier Dessertgläser geben, darauf die Hälfte des Aprikosenpürees sowie die gesamten Aprikosenstücke verteilen. Die restliche Crème daraufschichten und mit dem restlichen Aprikosenpüree abschließen.

Zum Schluss mit den gehackten Cantucci bestreuen und diese mit einigen Spritzern Amaretto beträufeln.

TIPP: Dieses Dessert kann sehr gut vorbereitet werden, sprich die Dessertgläser können fertig gefüllt im Kühlschrank auf das Servieren warten, nur die Cantucci und der Amaretto werden erst kurz vor dem Servieren daraufgegeben.

Grosses Sommermenü

ANTIPASTO

Focaccia pugliese • Apulische Focaccia mit Kirschtomaten

PRIMO I

Fiori di zucchini ripiene con parmigiano, ricotta di pecora, maggiorana e aglio

Zucchiniblüten gefüllt mit Parmesan, Schafsricotta, Majoran & Knoblauch

PRIMO II

Lenticchie di Castelluccio con sedano e insalata di carote al limone

Umbrischer Linsensalat mit Sellerie, dazu Karottensalat in Zitronenemulsion

SECONDO I

Polpette di melanzane con sugo di pomodoro

Auberginenbällchen auf Tomatensugo

SECONDO II

Risotto con carciofini guarnito con carciofini

Artischocken-Risotto garniert mit kleinen Artischocken

DOLCE

Gelato di lamponi con granita al limone • Himbeereis mit Zitronengranita

ANTIPASTO

Apulische Focaccia mit Kirschtomaten

Für 1 runde 24–26-cm-Kuchenform

300 g Mehl
150 g gekochte Kartoffeln
10 g frische Hefe
2 EL Olivenöl
1 TL Meersalz
200 ml warmes Wasser
1 TL Zucker
200 g Pachino Kirschtomaten
100 g entsteinte schwarze Oliven
Oregano
Meersalz
Olivenöl

In einer großen Schüssel das warme Wasser mit dem Zucker und der Hefe anrühren, bis sich die Hefe aufgelöst hat.
Die Kartoffeln durch die Kartoffelpresse geben.
Mehl, Kartoffelmasse und Salz zur Hefemasse geben und alles sorgfältig miteinander vermengen, zum Schluss 2 EL Olivenöl hineinrühren, bis ein homogener Teig entstanden ist.
Den Teig in einer gut geölten Schüssel abgedeckt mind. 2 Std. ruhen lassen.

Danach den Teig in eine gut geölte Backform geben (in Apulien werden dafür spezielle Focaccia-Formen benutzt, aber eine runde Kuchenform tut es auch), mit den halbierten Kirschtomaten und Oliven belegen und mit Meersalz und Oregano bestreuen. Nochmals 1 Std. gehen lassen.
Den Backofen auf 230 °C vorheizen.
Focaccia auf der untersten Schiene etwa 20 Min. im heißen Ofen backen. Abkühlen lassen und lauwarm oder kalt servieren.
Ein schlichtes aber köstliches Antipasto!

PRIMO I

Zucchiniblüten gefüllt mit Parmesan, Ricotta, Majoran & Knoblauch

4–8 Zucchiniblüten (je nach Größe der Blüten)
80 g Schafsricotta
1 Eigelb
1/2–1 EL Majoran
1 Knoblauchzehe, gepresst
40 g geriebener Parmesan
4–8 Schnittlauchstengel
5 EL Olivenöl
50 g Butter
Mehl
Salz, schwarzer Pfeffer

Zucchiniblüten der Länge nach mit einer Schere vorsichtig aufschneiden, die Blütenstempel entfernen und säubern.
Schafsricotta mit Eigelb, Majoran, Knoblauch und Parmesan zu einer homogenen Masse verrühren, mit Salz und Pfeffer abschmecken.
Die Masse mit einem Teelöffel in die Blüten füllen, und die Blüten jeweils mit einem Schnittlauchstengel zusammenbinden.
Olivenöl und Butter in der Pfanne erhitzen. Die Blüten in Mehl wenden und in der Pfanne bei mittlerer Hitze goldbraun braten. Sofort servieren.

PRIMO II

Umbrischer Linsensalat mit Sellerie, dazu Karottensalat in Zitronenemulsion

120 g umbrische Castelluccio-Linser
oder Colfiorito-Linsen
1–2 EL Olivenöl
3–4 Stangen Staudensellerie
1/2 Knoblauchzehe
Salz
300 g Bio-Karotten
2 EL Oregano
1 Portion Zitronenemulsion (s. S. 16)

Die Linsen über Nacht in kaltem Wasser einweichen. Am nächsten Tag die Linsen in ein Sieb abgießen und gut abspülen, danach in einem Topf mit der doppelten Menge Salzwasser in etwa 15–30 Min. gar kochen. Die Linsen sollten noch ein wenig Biss haben. Abgießen, mit kaltem Wasser abschrecken und abtropfen lassen.
Den Staudensellerie waschen und in sehr dünne Scheiben schneiden, die halbe Knoblauchzehe ebenfalls in sehr dünne Scheiben schneiden. Mit dem Olivenöl unter die Linsen mischen, leicht salzen. In der Zwischenzeit die Karotten schälen und in hauchdünne Rondelle hobeln oder schneiden. Die Zitronenemulsion zubereiten wie im Grundrezept auf Seite 16.
Oregano sowie die Zitronenemulsion dazugeben, gut unterrühren und mind. 30–60 Min. durchziehen lassen. Evtl. mit Salz abschmecken.
Den Karottensalat auf vier Tellern anrichten, und den Linsensalat daraufgeben oder aber die beiden Salate jeweils auf einem Teller nebeneinander anrichten und servieren.

SECONDO I

Auberginenbällchen auf Tomatensugo

500 g Auberginen
4 EL Olivenöl
Salz
80 g altbackenes Brot
1 Ei
60 g geriebener Parmesan
3 EL Mehl
Salz, schwarzer Pfeffer
3 EL gehacktes Basilikum
etwa 1 l Frittieröl
1½ Portionen Tomatensugo (s. S. 15)
1 getrockneter Peperoncino

Die Auberginen waschen oder schälen und in kleine Würfel schneiden.
Das Olivenöl in einer Pfanne erhitzen, die Würfel dazugeben und kräftig salzen. Bei starker bis mittlerer Hitze unter ständigem Rühren in etwa 5 Min. anbraten, bis sie schön gebräunt sind. Abkühlen lassen. Die anderthalbfache Menge des Tomatensugo zubereiten wie im Grundrezept auf Seite 15. Nach etwa 15–20 Min. den zerkrümelten Peperoncino beigeben. Backofen auf 70 °C vorheizen.
Das altbackene Brot in einer Schüssel mit lauwarmem Wasser begießen, bis es gut bedeckt ist und alle Brotstücke das Wasser aufsaugen können, damit sie weich werden. Die gerösteten Auberginenwürfel im Mixer pürieren.
Das Brot sehr gut ausdrücken, in kleine Stücke zupfen und mit dem Ei, Käse und Mehl sowie dem Auberginenpüree gut verkneten. Mit Salz, Pfeffer sowie dem gehackten Basilikum abschmecken.
Das Öl in einem großen Topf heiß werden lassen. Aus der Auberginenmasse mit 2 Esslöffeln Nocken abstechen und in mehreren Portionen (jeweils etwa 6–8 Stück) im heißen Öl frittieren, bis sie schön gebräunt sind. Auf einen mit Küchenpapier ausgelegten Teller geben, und im Ofen warmhalten, bis alle Nocken frittiert sind.
Vier Teller mit dem warmen Tomatensugo ausgießen und je nach Größe 3–4 Nocken daraufsetzen, sofort servieren.

TIPP: Die Nocken schmecken übrigens am nächsten Tag auch kalt sehr gut.

SECONDO II

Artischocken-Risotto mit kleinen Artischocken

450 g kleine italienische Artischocken
Saft von einer Zitrone
3 EL Olivenöl
1 Knoblauchzehe, gepresst
100 ml Weißwein
1 EL Paniermehl
1 EL gehackte glatte Petersilie
Salz, schwarzer Pfeffer

240 g Carnaroli-Reis
30 ml Weißwein
1/2 Schalotte
30 g Butter
750 ml heiße Gemüsebrühe (s. S. 16)
30 g geriebener Parmesan
Salz, schwarzer Pfeffer

Artischocken am Stiel (wenn vorhanden) säubern, die Spitzen mit einem scharfen Messer abschneiden und die äußeren, harten Blätter entfernen. Artischocken vierteln und in eine Schüssel mit kaltem Wasser und Zitronensaft geben, damit sie sich nicht verfärben.
In einer Pfanne das Olivenöl erhitzen, Knoblauchzehe und gut abgetropfte Artischocken dazugeben und 3 Min. bei mittlerer Hitze anbraten. Mit 100 ml des Weißweins aufgießen, und die Artischocken zugedeckt bei niedriger Hitze 15 Min. köcheln lassen, evtl. etwas Wasser nachgießen.
In der Zwischenzeit die Schalotte feinhacken und in einem Topf in der Butter glasig dünsten. Den Reis hinzufügen und unter ständigem Rühren glasig dünsten, danach mit 30 ml Weißwein ablöschen und einkochen lassen, bis der Reis fast trocken erscheint. Den Reis mit heißer Gemüsebrühe bedecken und bei mittlerer Hitze unter ständigem Rühren weiterkochen. Nach der Hälfte der Garzeit (etwa 8 Min.) die Hälfte der gekochten Artischocken dazugeben und den Reis al dente fertig garen.
Unter die restlichen Artischocken das Paniermehl und die Petersilie mischen, mit Salz und Pfeffer würzen und abgedeckt warmhalten.
Wenn der Risotto al dente ist, den Parmesan untermischen, mit Salz und Pfeffer abschmecken. Risotto auf vier Teller verteilen und mit den restlichen Artischocken sofort servieren.

DOLCE

Himbeereis mit Zitronengranita

Für die Granita
250 ml Wasser
125 g Zucker
250 ml frischer Zitronensaft (3–4 große Bio-Zitronen)
abgeriebene Schale von einer 1/2 Bio-Zitrone

400 g tiefgefrorene Himbeeren
175 g Zucker
Saft von einer 1/2 Zitrone
250 ml Sahne

Wasser und Zucker in einem kleinen Topf etwa 10 Min. leise köcheln lassen, bis sich der Zucker aufgelöst hat und das Ganze eine leicht sirupartige Konsistenz hat. Etwas abkühlen lassen.

Den Zitronensaft durch ein Sieb zum Sirup geben, unterrühren und 30 Min. ziehen lassen. Abgeriebene Zitronenschale unterrühren und für 6–12 Std. tiefkühlen. 20 Min. vor dem Servieren aus dem Tiefkühler nehmen.

Himbeeren, Zucker, Zitronensaft und Sahne in einen hohen Becher geben und pürieren, bis eine homogene Masse entstanden ist. Wenn die Himbeeren tiefgefroren sind, entsteht ein sofort servierfertiges Eis, ansonsten sollte das Ganze noch für 30–60 Min. tiefgekühlt werden.

Auf vier Dessertschalen verteilen und mit einer Gabel das gefrorene Zitronenpüree aufkratzen (Granita sollte die Konsistenz von Schnee haben) und auf dem Himbeereis anrichten.

Schmecken muss es!

Als Journalist und Autor war Carlo häufig auch an Buchmessen in aller Welt anzutreffen. An der wichtigsten, der Frankfurter Buchmesse, stellte er in der *Gourmet Gallery* auch einmal eines seiner Kochbücher vor. Gleich vor Carlo war Alfons Schuhbeck dran – über diese so prominente »Vorgruppe« hat er sich diebisch gefreut und das solchermaßen vorgeheizte Publikum danach mit der Zubereitung eines einfachen Risottos bestens unterhalten. Die Reisen nach Frankfurt, London, Buenos Aires und vor allem Bologna waren Carlo immer auch Anlass, in den lokalen Restaurants (gerne den besseren) essen zu gehen. Er ließ sich wenig von Sternen und Hauben und Punkten beeindrucken: Schmecken musste es ihm und seinen ihn begleitenden Gästen, denn Carlo war ein großzügiger Gastgeber sowohl in seinem Restaurant als auch in fremden. Er fühlte sich auch in einfachen Lokalen wohl – in Frankfurt etwa im *Settebello* beim Bahnhof, wo man ihn genauso kannte wie in Bologna und Umgebung. Mit Umsicht plante er seine Besuche, reservierte Tische. Danach wusste er ausführlich von den Gerichten zu erzählen und wedelte einem dabei gerne mit der Rechnung vor der Nase herum, als ob seine Erzählungen nicht schon Beweis genug gewesen wären. Dem heute üblichen *Food Porn* entsagte er sich fast zur Gänze, das Essen soll man nicht warten lassen. Im eigenen Restaurant allerdings fotografierte er fast jedes seiner Gerichte.
Seine Texte schrieb er oft in der Eisenbahn – auf dem Weg nach Milano etwa, nur um dort mal wieder zu Mittag zu essen, einen kleinen Einkaufsbummel über den Markt zu machen und im edlen Feinkostgeschäft Peck noch etwas Wegzehrung zu besorgen. Seine kulinarischen Ausflüge dienten ihm immer

auch zur Weiterbildung, sei es als Inspiration – oder als Bestätigung. Ich erinnere mich an einen gemeinsamen Aufenthalt in Tadschikistan, wo ihm die Küche nicht besonders behagte. Beim Anblick all der farbenprächtigen Stände mit ihrem riesigen Angebot an Gemüsen und Früchten auf dem Markt entfuhr es ihm: »Die haben ja alles, warum kochen sie damit nicht was Ordentliches!« Die italienische Küche war ihm eben in die Gene schrieben. Sein Stammlokal in Zürich war die *Kronenhalle* und die dazugehörige *Kronenhalle* Bar war ihm eine zweite Heimat. Immerhin hat er mit dem langjährigen Chef de Bar, Peter Roth, mehrere Bücher über die Kunst des Mixens und die Geschichte des Cocktails verfasst. Man kann dort auch einen *Heimelig* trinken, einen zartbitteren Shortdrink auf der Basis von Wodka, mit Aperol und Martini, den er im edlen und doch so freundschaftlichen Ambiente der *Kronenhalle* Bar am späten Abend, wenn seine Gäste gegangen, die Küche aufgeräumt und die Kasse abgerechnet waren, genossen hat. Links vor der Bar, am Marmortisch mit dem *Réservé-Schild*, das dort auf ihn wartete. Hin und wieder war er aber auch mit einem einfachen Gin Tonic zufrieden – sofern der Gin ihm passte.

Während bei der Wahl von Drinks häufig die persönliche Stimmung ausschlaggebend war, hat er sich beim Gemüse am saisonalen Angebot orientiert. Im Frühjahr freute sich Carlo auf die frischen Gemüse und kreierte immer wieder neue Kombinationen. Der *Frittata* mit roten und gelben Paprika stellte er apulischen Wildspargel und Cicorino-Salat zur Seite. Aus dem von ihm so geliebten *Pane Carasau*, dem dünnen sardischen Brot, baute er Millefeuilles mit Gemüse und Basilikumcrème. Mit Ungeduld erwartete er zum Sommer die ersten Tomaten, die wirklich nach Tomaten schmeckten und servierte sie auch mal als einfaches Carpaccio mit wenig Salz und ein paar Tropfen Balsamico. Klassiker seiner Küche waren das Parmesan- und Pecorinomousse, das man auch bestens mit Agar Agar zubereiten kann. Die Taleggio-Crème war nicht nur bei den Gästen sehr beliebt, sondern auch beim Team: Die Crème lässt sich kaum aufbewahren, weshalb man sie, zusammen mit dem täglich selbstgebackenen Brot, aufessen musste. Für den *Caprese in bianco*, einen Zitronen-Schokoladen-Kuchen aus Capri, musste ihm sein Bruder immer die speziellen Zitronen von der Amalfi-Küste mitbringen. Die hätte man bestimmt auch auf dem Großmarkt in Zürich bekommen; den Zitronen dort war aber gewiss auf unerklärliche Weise auf dem Transport im Lastwagen die *Italianità* abhandengekommen.

Menu di settembre

PRIMO

Insalata con fichi, scaglie di parmigiano e verdure grigliate

Salat mit frischen Feigen, Parmesanspänen & gegrilltem Gemüse

SECONDO I

Melanzane con ricotta su sugo di pomodori leggermente picante

Mit Ricotta gefüllte Auberginenhälften auf leicht pikanter Tomatensugo

SECONDO II

Risotto con cavolo nero, spinaci e taleggio con nocciole tostate

Risotto mit Schwarzkohl, Spinat & Taleggio garniert mit gerösteten Haselnüssen

DOLCE

Torta di castagne alla ticinese con panna

Tessiner Kastanienkuchen – unbedingt mit Schlagsahne verspeisen!

PRIMO

Salat mit frischen Feigen, Parmesanspänen & gegrilltem Gemüse

1 kleiner Fenchel
1 kleine Aubergine
1 kleine rote Paprika
1 kleiner Zucchine
etwa 100 g grüne saisonale Blattsalate
4 große Feigen
etwa 40 g Parmesan
2 EL Olivenöl
1 EL Aceto Balsamico di Modena
Salz, Pfeffer

Das Gemüse waschen oder schälen und in Scheiben oder Streifen schneiden. In einer heißen Grillpfanne mit wenig Olivenöl kräftig anbraten, salzen und pfeffern.
Salat waschen und trockenschleudern. Die Feigen waschen und vierteln oder achteln, vom Parmesan Späne hobeln.
Für das Salatdressing Aceto Balsamico mit Salz, Pfeffer und Olivenöl verrühren, abschmecken, mit dem Blattsalat vermischen und auf vier Tellern anrichten. Darauf das gegrillte Gemüse verteilen und mit den Feigenvierteln sowie Parmesanspänen garnieren.

SECONDO I

Mit Ricotta gefüllte Auberginenhälften auf Tomatensugo

1 Portion Tomatensugo (s. S. 15)
1 getrockneter Peperoncino
2 kleine Auberginen
Olivenöl
150 g Ricottafüllung (s. S. 15)
Salz, schwarzer Pfeffer

Den Tomatensugo zubereiten wie im Grundrezept auf Seite 15, und 5 Min. vor Schluss den zerbröselten Peperoncino unterrühren, danach salzen und gegebenenfalls pfeffern.
Den Backofen auf 180 °C vorheizen.
Die Auberginen waschen und der Länge nach aufschneiden. Den weichen inneren Kern mit einem scharfkantigen Löffel herausschaben. Die Auberginen in eine mit Olivenöl ausgepinselte Gratinform geben. Die Ricottafüllung nach Grundrezept auf Seite 15 zubereiten, und die Auberginenhälften damit füllen, im heißen Ofen etwa 30–40 Min. backen, bis die Füllung goldgelb ist.
Vier Teller mit Tomatensugo ausgießen und die heißen Auberginenhälften daraufgeben. Mit gehackter Petersilie bestreuen und sofort servieren.

SECONDO II

Schwarzkohl-Spinat-Risotto mit Taleggio & Nüssen

1 Zwiebel
40 g Butter
120 g Schwarzkohl
150 g Blattspinat
240 g Carnaroli-Reis
120 g Taleggio, gewürfelt
75 ml Weißwein
750 ml heiße Gemüsebrühe (s. S. 16)
1 EL frischer Majoran
Salz, schwarzer Pfeffer
20–40 g gehackte und geröstete Haselnüsse

Die Zwiebel feinhacken. Die Butter in einem großen Topf zerlassen, die Zwiebeln darin glasig werden lassen. Dann den Reis hinzufügen und unter ständigem Rühren glasig dünsten, danach mit Weißwein ablöschen, und einkochen lassen, bis der Reis fast trocken erscheint.
Nach und nach die heiße Gemüsebrühe dazugeben, dabei stetig rühren, bis der Risotto bissfest gegart ist.
In der Zwischenzeit den Schwarzkohl von den dicken festen Stengeln befreien und waschen. Im sprudelnden Salzwasser etwa 5 Min. blanchieren, abschrecken, abtropfen lassen und gut ausdrücken.
Den Spinat waschen und dann mit dem Schwarzkohl grobhacken und 5 Min. vor Schluss zum Risotto geben. Den Risotto vom Feuer nehmen und den Taleggio unterrühren, bis eine cremige Konsistenz entstanden ist. Mit Salz und Pfeffer abschmecken, Majoranblätter unterheben, auf vier Teller verteilen, mit gerösteten Haselnüssen bestreuen und sofort servieren.

DOLCE

Tessiner Kastanienkuchen mit Schlagsahne

Für 1 runde 24-cm-Kuchenform

2 EL Sultaninen
400 g Kastanienmehl
4 EL Olivenöl
3 EL Zucker
1 Prise Salz
900 ml kaltes Wasser
1 TL feingehackter Rosmarin
2 EL Pinienkerne
200 ml Sahne
50 g Zucker

Den Backofen auf 200 °C vorheizen und die Kuchenform ausbuttern.
Die Sultaninen in lauwarmem Wasser einweichen.
Das Kastanienmehl mit Olivenöl, Zucker und Salz in eine Schüssel geben. Unter ständigem Rühren das Wasser hinzufügen und miteinander vermengen.
Die Masse in die Form geben und mit den abgetropften Sultaninen, dem Rosmarin und den Pinienkernen bestreuen. Im heißen Ofen etwa 50 Min. backen.
Die Sahne mit dem Zucker steifschlagen und zum lauwarmen oder kalten Kuchen servieren. Dazu schmeckt ein Glas Rotwein hervorragend.

Menu di ottobre

PRIMO

Friselle con pomodorini, basilico, aglio, olio d'olive extravergine pugliese

Friselle mit Tomaten, Basilikum, Knoblauch & apulischem extra vergine Olivenöl

SECONDO I

Orecchiette con cime di rapa e peperoncino

Orecchiette mit Stengelkohl & Chili

SECONDO II

Tiella di patate e porcini, servite con peperoni rossi ripieni

Überbackene Kartoffelscheiben & Steinpilze mit gefüllten roten Paprika

DOLCE

Dita degli Apostoli con crema d'arance

»Apostelfinger« gefüllt mit Schafsricotta & kandierten Orangen, dazu wird eine Orangenschlagsahne serviert

PRIMO

Friselle mit Tomaten, Basilikum & Knoblauch

4 Friselle
4 rote Tomaten
1–2 EL Basilikumblätter
1 Knoblauchzehe
1–2 EL Olivenöl
Salz

Die Tomaten kleinwürfeln, den Basilikum in feine Streifen schneiden. Die Knoblauchzehe sehr feinhacken. Die Tomatenwürfel mit dem Olivenöl, Knoblauch und Basilikum anmachen und mit Salz abschmecken.
Die Friselle ganz kurz in kaltes Wasser tauchen, das Wasser abschütteln, auf vier Teller geben und die Tomatenwürfel darauf anrichten. Sofort servieren, damit die Friselle nicht zu weich werden.

Tipp: Friselle heißen die aus Apulien stammenden doppeltgebackenen runden Brote mit einem Loch in der Mitte.

SECONDO I

Orecchiette mit Stengelkohl & Chili

150 g frische Orecchiette
150 g Stengelkohl (Cima di rapa)
1–2 Knoblauchzehen
1–2 frische Peperoncini (je nach gewünschten Schärfegrad)
1–2 EL Paniermehl (nach Belieben)
Olivenöl
Salz

Die harten, holzigen Stengel des Cima di rapa entfernen; es werden nur die zarten Teile, die inneren Blätter sowie die Röschen verwendet. Gemüse gut waschen. Den Stengelkohl in siedendem Salzwasser 10 Min. blanchieren. Die Orecchiette dazugeben und weitere 10 Min. kochen, bis die Pasta bissfest ist.

In einer Bratpfanne das Olivenöl erhitzen. Die Peperoncini in feine Ringe (die Kerne nach Belieben entfernen), den Knoblauch in feine Scheiben schneiden. Beides im Olivenöl anbraten, nach Belieben auch das Paniermehl mit anbraten. Wenn der Knoblauch eine goldbraune Farbe angenommen hat, die abgetropften Orecchiette mit dem Stengelkohl in der Bratpfanne schwenken.

Die Pasta auf vier Teller geben und nach Belieben mit etwas Olivenöl beträufeln. Ganz wichtig: Dieses Pastagericht wird nicht mit geriebenem Käse gegessen!

SECONDO II

Überbackene Kartoffeln & Steinpilze mit gefüllten Paprika

4 große Kartoffeln
200 g frische Steinpilze
je 2 EL Butter und Olivenöl
3–4 EL gehackte glatte Petersilie
4–5 EL geriebener Parmesan
2 EL Paniermehl
einige Butterflocken

2 kleine rote Paprika
150 g Ricotta
1 Ei
50 g geriebener Parmesan
2 EL glatte gehackte Petersilie
2 EL Paniermehl
Salz, schwarzer Pfeffer

Die Kartoffeln waschen, schälen und in etwa 1 cm breite Scheiben schneiden. In Salzwasser 10 Min. kochen, abgießen und ausdampfen lassen.
Die Steinpilze säubern und in Scheiben schneiden. In einer Pfanne mit Olivenöl und Butter etwa 10 Min. bei mittlerer Hitze anbraten, salzen und pfeffern.
Backofen auf 180 °C vorheizen. Eine kleine Auflaufform leicht mit Olivenöl bepinseln und eine Schicht Kartoffelscheiben auslegen, darauf eine Schicht Steinpilze, mit Parmesan bestreuen, salzen, pfeffern und mit Petersilie bestreuen, darauf wieder eine Schicht Kartoffeln, mit Paniermehl und Butterflocken bestreuen.
Die beiden Paprikaschoten längs teilen und das Innere sorgfältig entfernen. Für die Füllung den Ricotta mit dem Ei, Parmesan und Petersilie vermengen, mit Salz und Pfeffer würzen. Die Paprika damit füllen, Paniermehl darüberstreuen und im vorgeheizten Ofen bei 180 Grad etwa 20 Min. backen, nach 10 Min. die Auflaufform mit den Kartoffeln dazugeben, alles fertig backen, bis die Oberflächen goldbraun sind.
Die gefüllten Paprika in Streifen schneiden, mit dem Kartoffelauflauf auf vier Teller geben und servieren.

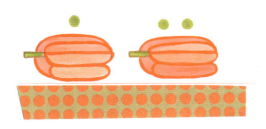

DOLCE

»Apostelfinger« mit Schafsricotta, kandierten Orangen & Sahne

125 g Mehl
300 ml Milch
2 Bio-Eier
200 g Schafsricotta
2 EL Puderzucker
1 EL gehacktes Orangeat
150 ml Sahne
1 EL abgeriebene Schale von einer Bio-Orange
5 Zwetschgen
50 ml Marsala

Das Mehl in eine Schüssel sieben und in der Mitte eine Mulde bilden, die Milch in die Mulde gießen und mit dem Mehl vorsichtig vermischen, bis ein flüssiger Teig ohne Klümpchen entstanden ist.
In einer kleinen Schüssel die Eier mit einer Gabel verquirlen, zu der Mehl-Milchmischung geben und sorgfältig verrühren. Den Teig abdecken und für 30 Min. in den Kühlschrank stellen.

Für die Füllung Ricotta, Puderzucker und Orangeat miteinander vermengen, kalt stellen.
Die Sahne steifschlagen und zum Aromatisieren den EL Orangenschale darunterziehen, kalt stellen.
Den Teig aus dem Kühlschrank holen und nochmals umrühren.
Für die Crêpes die Butter in einer Bratpfanne zerlassen und ein Achtel des Teiges hineingeben. Die Crêpe etwa 1 Min. pro Seite backen und auf einen Teller geben. So mit den restlichen 7 Crêpes verfahren, diese aufeinanderstapeln. Die Crêpes etwas abkühlen lassen.
Die Zwetschgen waschen und in feine Scheiben schneiden, in einen kleinen Topf geben und mit dem Marsala zu einer marmeladenartigen Masse verkochen, dabei stetig rühren.
Ein Achtel der Crème auf eine Crêpe geben und diese zu einem Finger aufrollen. So weiterverfahren, bis alle 8 Crêpes fertig sind. Auf vier Tellern jeweils 2 Apostelfinger mit der Schlagsahne und der lauwarmen oder kalten Zwetschgenmarmelade anrichten und sofort servieren.

Menu di novembre

PRIMO

Insalata mista con frittatina alle erbe

Gemischte Blattsalate mit Kräuterfrittatina

SECONDO I

Zucca Cucina e Libri

Kürbis à la *Cucina e Libri*

SECONDO II

Torta verde Ligure: pasta brisè ripiena di zucchine, riso e ricotta con zucca grigliata

Ligurische grüne Tarte gefüllt mit Zucchini, Reis & Ricotta auf gegrilltem Kürbis

DOLCE

Torta Campari Orange

Campari-Orangen-Kuchen

PRIMO:

Blattsalate mit Kräuterfrittatina

1/2 gehackte Knoblauchzehe
1 kleine Frühlingszwiebel
1/2 Bund Minze
1 kleine Handvoll Zitronenmelisse
1 kleine Handvoll glatte Petersilie
1 kleine Handvoll Kerbel
1½ EL Olivenöl
1½ EL kaltes Wasser
4 Bio-Eier
Salz, schwarzer Pfeffer

150 g gemischte saisonale Blattsalate
3 EL Olivenöl
1½ EL Aceto Balsamico di Modena
Salz, Pfeffer

Alle Kräuter waschen, trocknen und feinhacken. Auch die Zwiebel und die Knoblauchzehe feinhacken.
Die Kräuter, Zwiebel und Knoblauch in der Olivenöl-Wasser-Mischung in einer Pfanne köcheln lassen, bis sie weich sind.
Die Eier mit Salz und Pfeffer verquirlen, in die Pfanne geben und mit den Kräutern vermengen. Langsam bei mittlerer Hitze garen und dabei die Ränder der Frittata immer wieder zu der Mitte ziehen, sie darf nicht anbrennen. Die Frittata abdecken, sobald sie nicht mehr flüssig ist, wenden und fertig backen.
Den Salat waschen, und das Dressing aus Olivenöl, Aceto Balsamico, Salz und Pfeffer anrühren, und mit dem Salat vermischen. Den Salat auf vier Tellern anrichten. Die Frittata in 4–8 Stücke schneiden und auf den Salat geben.

TIPP: Für dieses Kräuterfrittata können natürlich auch andere Kräuter verwendet werden, einfach das nehmen, was der eigene Garten oder der Markt gerade hergeben.

SECONDO I

Kürbis à la Cucina e Libri

600 g Kürbisfleisch (z.B. Marina di Chioggia, Hokkaido)
1 Schalotte
70 g Butter
200 ml heißes Wasser
200 ml Marsala
3 EL gehackte glatte Petersilie
50 g Pecorino am Stück
schwarzer Pfeffer
4 frische oder getrocknete geviertelte Feigen

Schalotte in feine Scheiben schneiden und mit der Butter in einer Pfanne dünsten. Das in etwa 3 cm große Würfel geschnittene Kürbisfleisch dazugeben und wenige Min. mitdünsten. Dann das Wasser und Marsala angießen und den Kürbis zugedeckt bei mittlerer Hitze etwa 20–30 Min. gabelzart garen; bei Bedarf noch etwas Marsala nachgießen, damit der Kürbis nicht anbrennt. Zum Schluss mit Pfeffer würzen.
Die Kürbismasse auf vier Teller verteilen, mit Petersilie und Feigen garnieren, Pecorino darüberhobeln und sofort servieren. Focaccia oder Baguette dazu reichen.

SECONDO II

Ligurische Tarte mit Zucchini, Reis & Ricotta auf Kürbis

300 g Mehl
1 Prise Salz
100–120 ml Olivenöl
etwa 30 ml sehr kaltes Wasser

1 Zwiebel, feingehackt
2 EL Olivenöl
90 g Risottoreis (Carnaroli oder Arborio)
700 g Zucchini
50 g geriebener Parmesan
125 g Ricotta
1 Ei
1 TL Salz
2 TL Majoran

Das Mehl mit dem Salz vermischen, Olivenöl dazugeben und verkneten, dann das sehr kalte Wasser hinzufügen und zu einem glatten Teig verkneten. Etwa 30 Min. im Kühlschrank ruhen lassen.
Die feingehackte Zwiebel im Olivenöl goldbraun braten, dann den Reis hinzufügen, und alles sorgfältig miteinander vermengen. Abkühlen lassen.

In der Zwischenzeit die Zucchini waschen, in sehr dünne Streifen (Julienne) schneiden und in eine große Schüssel geben.
Den Backofen auf 200 °C vorheizen.
Für die Füllung Parmesan, Ricotta, Ei, Majoran sowie die Zwiebel-Reis-Mischung zu den Zucchinistreifen geben, alles sorgfältig miteinander vermengen und mit Salz abschmecken.
Den Teig in zwei Hälften teilen und zwei Kreise von etwa Ø 27–29 cm mit dem Nudelholz ausrollen. Eine Tarteform von etwa Ø 26 cm mit Olivenöl einfetten. Die erste Teighälfte hineingeben und einen Rand hochziehen.

Die Füllung auf den Teig geben und mit der zweiten Teighälfte bedecken, dabei die Teigränder gut aneinanderdrücken, damit sie fest geschlossen sind. Den Deckel mehrfach mit einer Gabel einstechen. Die Tarte im heißen Ofen etwa 30–35 Min. backen, bis die Oberfläche schön goldbraun ist. Kurz auskühlen lassen und Kuchenstücke daraus schneiden, mit Olivenöl beträufeln und warm servieren.

TIPP: Restmengen dieser wunderbar leckeren Torte können am nächsten Tag auch sehr gut kalt mit einem Blattsalat genossen werden.

DOLCE

Campari-Orangen-Kuchen

Für 1 runde 26–28-cm-Kuchenform

125 g zerlassene Butter
4 Bio-Eier
180 g Zucker
1 Prise Salz
500 g griechischer Joghurt
400 g Hartweizengrieß
1 Paket Backpulver

8 Bio-Blutorangen oder etwa 6 normale Bio-Orangen
200–300 g Zucker
100 ml (oder etwas mehr) Campari

Von 5 Orangen die Schale abreiben und die Orangen auspressen.
Den Backofen auf 180 °C vorheizen.
Die Eier, den Zucker und die Prise Salz etwa 5 Min. lang kräftig schaumig rühren. Dann Joghurt, die zerlassene Butter, die Hälfte der Orangenschale sowie 8 EL Orangensaft unterrühren.
Das Backpulver mit dem Grieß vermischen und darunterziehen. Die Masse in eine mit Backpapier ausgelegte und gefettete runde Kuchenform gießen. Im Ofen auf der mittleren Schiene etwa 35–40 Min. backen.

In der Zwischenzeit den Sirup zubereiten. Leider gibt es nur im Winter gute Blutorangen, deshalb wird der Kuchen öfter mit normalen Orangen zubereitet. Das tut dem Geschmack zwar keinen Abbruch, aber es ändert die Farbe des Kuchens.
Den restlichen Orangensaft mit dem Campari und dem Zucker in einem Topf langsam zum Kochen bringen. Die Mischung abschäumen und sämig einkochen lassen. Den Kuchen noch warm mit einem Zahnstocher großzügig einstechen und mit dem Sirup überziehen, bis er vollständig aufgesogen ist.
Den Kuchen lauwarm oder kalt, pur oder mit Schlagsahne, genießen.

Grosses Herbstmenü

ANTIPASTO

Olive marinate • Mit Orangen, Thymian & Chili marinierte Oliven

PRIMO I

Minestra di zucca e fagioli • Kürbis-Bohnen-Suppe

PRIMO II

Funghi ripieni • Gefüllte Steinpilzköpfe

SECONDO I

Ravioli con catalogna e limone conditi con una creme di cavolfiore

Ravioli gefüllt mit Catalogna und halbkandierten Zitronen auf einer Blumenkohlcrème

SECONDO II

Maltagliati di barbabietola con ragu' di verza, bietole e castagne

Rote-Bete-Maltagliati mit Wirsing-Mangold-Maronen-Ragout

DOLCE

Torta Sacripantina (pan di spagna con crema al burro, crema al cioccolato, marsala e rum)

Sacripantina Torte (mit Butter- & Kakaocrème sowie Marsala & Rum)

ANTIPASTO

Mit Orangen, Thymian & Chili marinierte Oliven

1 Bio-Orange
1 TL Fenchelsamen
2 Zweige Thymian
1 frischer Peperoncino
250 g grüne und/oder schwarze entsteinte Oliven
4 EL Olivenöl

Die Orange waschen und von der gesamten Schale feine Zesten abziehen.
Die Fenchelsamen in einer Pfanne leicht rösten, bis sie duften, und dann im Mörser so fein wie möglich mahlen.
Die Thymianblättchen abzupfen und feinhacken.
Den Peperoncino waschen, entkernen und auch feinhacken.
Die Oliven mit allen restlichen Zutaten gut vermischen und mind. 2 Std. ziehen lassen, am besten über Nacht. Focaccia (s. S. 17) oder Baguette dazu reichen. Sehr gut passt auch das Anisbrot von S. 71.

PRIMO I

Kürbis-Bohnen-Suppe

200 g Cannellini-Bohnen
140 g Kürbisfleisch (z. B. Marina di Chioggia, Hokkaido)
1 kleine Karotte
1 kleine Stange Staudensellerie
1/2 Knoblauchzehe
350 ml warme Milch
1 kleine Zwiebel
1½ EL Olivenöl
2 Scheiben altbackenes helles oder dunkles Brot
1 EL gehackte glatte Petersilie
Salz

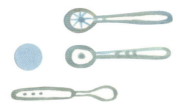

Die Cannellini-Bohnen über Nacht in kaltem Wasser einweichen.
Das Bohneneinweichwasser abgießen, die Bohnen in einem Topf mit 1 l Salzwasser einmal aufkochen lassen. Die ganze geschälte Karotte, den Staudensellerie und die geschälte Knoblauchzehe dazugeben und bei mittlerer Hitze etwa 1 Std. weichköcheln lassen.
Karotte, Sellerie und Knoblauch entsorgen, dann die Hälfte des Bohnenwassers abgießen.

Nun den kleingewürfelten Kürbis und die Milch zu den Bohnen geben und weiterköcheln, bis eine cremige Konsistenz erreicht ist; dann mit Salz abschmecken.
Zwiebel grobhacken und in Olivenöl glasig werden lassen. Das kleingewürfelte Brot dazugeben und mit der Zwiebel rösten, das Brot soll knusprig werden. Die geröstete Brotzwiebelmasse auf vier tiefe Teller verteilen, die heiße Suppe darübergeben, mit Petersilie garnieren und sofort servieren.

PRIMO II

Gefüllte Steinpilzköpfe

12 mittelgroße Steinpilze
50 g Toastbrot
4 EL Milch
1 Knoblauchzehe
1 Ei
4 EL geriebener Parmesan
1 TL frischer Majoran
1 TL frischer Oregano
4 EL Olivenöl
Salz, schwarzer Pfeffer
80 g Feldsalat
1 EL Olivenöl
1 EL Aceto Balsamico di Modena

Pilze mit einem Pinsel und wenn nötig mit einem feuchten Tuch putzen und trockentupfen. Pilzstiele vorsichtig von den Köpfen trennen und mit einem Messer säubern.
Backofen auf 160 °C vorheizen.
Toastbrot entrinden und in der Milch einweichen; dann gut ausdrücken. Pilzstiele mit Knoblauch, Brot, etwas Salz und Pfeffer im Standmixer kurz zerhacken und abschmecken.
Die Masse in einer Schüssel mit dem Ei, Parmesan und Kräutern gründlich verrühren und die Pilzköpfe damit füllen, die Füllung mit einem feuchten Messer glattstreichen.
Die gefüllten Pilzköpfe auf eine gefettete Backform geben, mit dem Olivenöl beträufeln und im heißen Ofen etwa 40 Min. backen.
Olivenöl, Aceto Balsamico, Salz und Pfeffer kräftig verrühren. Den Salat waschen und mit dem Dressing anmachen, auf vier Teller verteilen, jeweils drei heiße Pilzköpfe daraufsetzen und sofort servieren. Focaccia (s. S. 17) oder Baguette dazu reichen.

SECONDO I

Gefüllte Ravioli & halbkandierte Zitronen auf Blumenkohlcrème

1 Portion Pastateig (s. S. 14)
1 kleiner Blumenkohl
50 g geschmolzene Butter
125 ml warme Gemüsebrühe (s. S. 16)
170 g Catalogna (Chicorée-Variante s. u.)
170 g Schafsricotta
1 kleines Eigelb
2 EL halbkandierte Zitronen
1 Prise Zimt
Salz, Pfeffer
Zesten von einer halben Bio-Zitrone
Olivenöl
geriebener Parmesan

Den Blumenkohl in Röschen zerteilen und in einem Topf mit kochendem Salzwasser in etwa 15 Min. weichkochen, abgießen und ausdampfen lassen.
Blumenkohlröschen mit der geschmolzenen Butter und der Gemüsebrühe sämig pürieren, je nach Konsistenz etwas mehr Brühe dazugeben. Mit Salz und Pfeffer abschmecken, warmhalten.
In der Zwischenzeit die Catalogna gründlich waschen und in etwa 4 cm lange Stücke schneiden. In kaltes Salzwasser geben, zum Kochen bringen und etwa 10 Min. kochen, dann abgießen, gut auspressen und feinhacken.
Die halbkandierten Zitronen feinhacken und mit Catalogna, Ricotta, Eigelb, halbkandierten Zitronen und Gewürzen zu einer homogenen Masse vermischen.
Den Pastateig zubereiten wie im Grundrezept auf Seite 14.
Den Teig mehrfach durch die Nudelmaschine drehen und dabei sukzessive die Öffnung verkleinern, damit dünne Teigbahnen entstehen. Für Ravioli dreht man den Teig am besten zweimal durch die dünnste Öffnung. Auf eine Teigbahn mit etwa 1 cm Abstand einen guten Teelöffel der Füllung geben und eine zweite Teigbahn darüberlegen. Die Zwischenräume gut andrücken. Ravioli mit dem typischen gezahnten Teigrad oder mit einem Messer zuschneiden.
Die einzelnen Ravioli auf eine bemehlte Platte legen und mit einem Tuch abdecken, bis alle fertig sind. Salzwasser zum Kochen bringen und die Ravioli darin portionenweise 1–3 Min. garen, bis sie oben schwimmen (je dünner der Teig, desto kürzer die Kochzeit). Auf vier Tellern die Blumenkohlcrème als Spiegel anrichten, die Ravioli daraufgeben und mit Olivenöl, Zitronenzesten und geriebenem Parmesan anrichten, sofort servieren.

TIPP: Die Catalogna, auch Blattzichorie genannt, ähnelt im Aussehen einem großen Löwenzahn und hat ähnlich wie die Puntarelle, schöne Bitternoten. Übrigens: Den restlichen Pastateig können Sie sehr gut am nächsten Tag zu Tagliatelle verarbeiten, dazu den Teig in Frischhaltefolie wickeln und in den Kühlschrank geben.

SECONDO II

Rote-Bete-Maltagliati mit Wirsing-Mangold-Maronen-Ragout & Pistazien

1 Portion Pastateig (s. S. 14)
1 rote Bete
200 g Wirsing
200 g Mangold
100 g vorgegarte Maronen
1/2 Zwiebel
Salz, Pfeffer
geriebener Parmesan

Die rote Bete feinhacken oder im Mixer pürieren.
Den Pastateig für dieses Rezept nur mit einem Ei zubereiten und am Schluss so viel rote Bete hinzufügen, bis sich der Teig violett verfärbt hat, aber noch als Teig weiterzuverarbeiten ist ruhen lassen.
Den Pastateig mehrfach durch die Nudelmaschine drehen und dabei sukzessive die Öffnung verkleinern, damit dünne Teigbahnen entstehen. Für die Maltagliati (schlecht geschnittene Nudeln) sollte der Teig durch die zweitdünnste Öffnung gedreht und in kurze Bahnen geschnitten werden, diese dann beliebig in Stücke schneiden oder reißen. Die einzelnen Maltagliati auf eine bemehlte Platte legen und mit einem Tuch abdecken, bis alle fertig sind.
Die Zwiebel feinhacken, den Wirsing und Mangold waschen, abtropfen lassen und in feine Streifen schneiden. Die Maronen grobhacken.
In einer Pfanne das Olivenöl erhitzen und die Zwiebeln anbraten, Wirsing und ein Glas Wasser hinzufügen und gar dünsten. Dann den Mangold und die Maronen beigeben, salzen und fertig dünsten, falls nötig noch etwas Wasser hinzufügen.
In der Zwischenzeit einen Topf mit Salzwasser einmal aufkochen lassen, dann vom Feuer nehmen, und die Maltagliati darin 2–3 Min. ziehen lassen, abgießen und tropfnass unter das Gemüseragout mischen. Auf vier Teller verteilen, mit Parmesan sowie frisch gemahlenem Pfeffer bestreuen und sofort servieren.

DOLCE

Sacripantina Torte

Für den Biskuitboden
200 g Mehl
200 g Zucker
4 Bio-Eier

Für die Buttercrème
180 ml Milch
30 ml Marsala
2 Eigelb
40 g Zucker
20 g Mehl
100 g zimmerwarme Butter

Für die Kakaobutter
200 g zimmerwarme Butter
175 g Puderzucker
30 g Kakao
50 ml Rum

Für die Tränke
100 ml Wasser
100 g Rohrzucker
100 ml Rum oder Marsala

Für den Biskuitboden den Backofen auf 180 °C vorheizen, eine runde Kuchenform, 26 cm Ø, mit Backpapier auslegen und den Rand einfetten.
Zucker mit den Eiern mit einem Handrührgerät schaumig schlagen, bis sich das Volumen mind. verdoppelt hat, das dauert etwa 10 Min.
Nach und nach vorsichtig das Mehl mit einem Holzlöffel unter die Zucker-Ei-Mischung von unten nach oben ziehen.
Den Teig in die vorbereite Form füllen und im heißen Ofen 35 Min. backen. Kurz ruhen lassen, aus der Form nehmen und komplett auskühlen lassen.

Für die Buttercrème Milch und Marsala in einem Topf erwärmen.
Eigelb und Zucker schaumig rühren, danach vorsichtig das Mehl darunterziehen, dann die Milchmischung langsam hineinrühren. Diese Mischung erneut erwärmen (sie darf aber nicht kochen), dabei ständig rühren, bis die Crème dickflüssig wird, sofort vom Feuer nehmen und auf Zimmertemperatur abkühlen lassen.
Sobald die Crème und die (zimmerwarme) Butter die gleiche Temperatur haben, beide mit einem Holzlöffel vorsichtig miteinander vermischen. Danach für einige Min. im Kühlschrank kühl stellen.

Für die Kakaocrème die zimmerwarme Butter mit dem Puderzucker sorgfältig verrühren, Kakaopulver und Rum hinzufügen und mit dem Schneebesen kräftig schlagen, bis eine homogene Masse entstanden ist.

Für die Tränke den Rohrzucker mit dem Wasser erwärmen und solange rühren, bis sich der Zucker aufgelöst hat, abkühlen lassen, erst dann den Alkohol hineinrühren.

Für die Torte den Teigboden horizontal in drei Scheiben schneiden. Die erste Teigscheibe auf eine flache Platte geben und mit der Tränke bepinseln. Dieser Teigboden sollte feucht, aber nicht durchtränkt sein, die beiden anderen Scheiben dürfen etwas feuchter werden.

Die gesamte Kakaocrème auf den Boden verteilen und zur Mitte hin ein wenig auftürmen. Die zweite Teigscheibe daraufsetzen, etwas andrücken, mit der Tränke bepinseln, dann mit der Hälfte der Buttercrème bestreichen, gegen die Mitte hin wieder etwas auftürmen. Die dritte Teigscheibe darauf setzen, etwas andrücken und die restliche Tränke darübergeben, dann mit der restlichen Buttercrème bestreichen. Die Torte für einige Std. oder über Nacht in den Kühlschrank stellen.
Vier Tortenstücke auf Teller verteilen, mit etwas Kakaopulver oder Puderzucker bestäuben und nach Belieben mit einem guten Rum servieren.

TIPP: Die Torte ist wirklich mächtig, aber eine Sünde mehr als wert und schmeckt auch noch die nächsten Tage sehr gut! Carlo hat sein Team mit dieser Torte fast wahnsinnig gemacht, weil sie so aufwendig in der Herstellung ist, aber er hat sie geliebt. Den Gästen hat sie sehr gut geschmeckt und wenn nach drei Gängen die Dessertteller ratzeputz leer zurückkamen, war das der beste Lohn für die Mühe!

Zu Gast an Carlos Tafel

Carlo war ein Workaholic. Er musste immer etwas tun, Urlaub war für ihn mehr eine Drohung als ein Versprechen. Und wenn er sich mal ein bisschen erholen wollte, konnte man darauf wetten, dass er das produktiv tat. So floh er gerne nach der anstrengenden Frankfurter Buchmesse für ein paar Tage nach San Remo, wo er in der Nähe einen Olivenöl-Produzenten besuchte und sein Wissen um die ligurische Küche mit ausführlichen Restaurantbesuchen aufpeppte – und auf dem Balkon mit Blick aufs Meer an einem neuen Manuskript schrieb.

Carlo hat Romane geschrieben, Erzählungen und Gedichte. Er war Herausgeber, Übersetzer und Restauranttester. Er hat mehrere Cocktail- und Kochbücher verfasst, von denen die *La cucina verde* zweifellos das erfolgreichste ist – man kann es auf Französisch, Spanisch oder Holländisch bekommen. Andere seiner Italien-Kochbücher wurden gar ins Italienische übersetzt, was doch etwas heißen will. Das letzte Mal als wir zusammen essen waren – in einem durch und durch italienischen Restaurant – ließ er dem Koch zum Schluss noch ausrichten, wie er bitte in Zukunft die Leber richtig zubereiten soll.

Die Entscheidung, in seinem Restaurant ganz auf die vegetarische Küche zu setzen, war mutig, doch hat sie sich gelohnt – auch wenn der Konsum alkoholischer Getränke mit der Umstellung etwas abgenommen hat, denn die neu angesprochene Zielgruppe trank weniger. Dafür war Carlo deutlich entspannter in der Küche unterwegs und konnte seine Kreativität stärker ausleben. Natürlich gab und gibt es andere vegetarische Restaurants in

Zürich, aber ein Besuch in der *Osteria Candosin* versprach immer eine Überraschung. So konnte man bei ihm Ravioli bekommen, die mit Catalogna und halbkandierten Zitronen gefüllt waren und auf einer Blumenkohlcrème serviert wurden. Da gab es Radicchio, den er ausgesprochen gerne mochte, und der bei ihm zur Freude der Gäste nie zu bitter aufgetischt wurde. Die Pilze suchte er mit Bedacht aus und putzte sie mit Hingabe, bevor sie in die Pfanne kamen. Er komponierte Menüs, bei denen gar nicht auffiel, dass sie vegetarisch waren, sie hatten etwas Selbstverständliches in sich, und lebten von einem tiefen Vertrauen in die Produkte und deren Aromen. Kochen mit Carlo konnte durchaus etwas Meditatives haben, auch wenn man das in einer Restaurantküche nicht unbedingt erwarten würde. Hektik brach eigentlich nur aus, wenn ihm mal was aus der Hand rutschte – oder die falsche Fußballmannschaft ein Tor schoss.

Die *Osteria Candosin* war – nicht nur der vielen Bücher wegen – auch ein bei Verlagen beliebter Ort für Buchpräsentationen. Eingeladen wurden etwa Buchhändlerinnen und Rezensenten, denen die Autoren (wie zum Beispiel Jan-Philipp Sendker) ihre neuen Romane vorstellten, und Carlo, den sowieso alle kannten, bekochte die illustren Gästen, die sich in ungezwungener Atmosphäre austauschen konnten. Solche Anlässe waren für alle gewinnbringend, denn ganz nebenbei wurde der Journalist so mit den neuesten Entwicklungen aus der Buchbranche versorgt und pflegte Kontakte zu Verlagen und Buchhandlungen. Carlo nutzte sein Restaurant aber auch für eigene Veranstaltungen und Lesungen. Er ließ Gastköche an den Herd oder verwöhnte die Gäste mit kulinarischen Vorträgen.

Dass Carlo ausgerechnet am Eröffnungstag des Literaturfestivals *Zürich liest* am 26. Oktober 2016 viel zu früh gestorben ist, ist ebenso passend wie auch traurig. Umso schöner ist es, dass nun dieses Buch, das er eigentlich noch selbst schreiben wollte, doch noch erscheinen kann. Es hält die Erinnerungen an einen außergewöhnlichen Menschen wach und lässt uns wieder Gast sein an Carlos Tafel. Wenn wir dann bei seiner berühmten Torta al cioccolato con panna angekommen sind, der lauwarme Kuchen sich freudig mit der Schlagsahne – auf der sich die obligaten gehackten Pistazien finden – verbindet, dann sehen wir ihn sitzen an seinem kleinen Tisch hinten rechts, wie er uns beobachtet, das Glas in unsere Richtung erhebt und zufrieden lächelt.

Menu di dicembre

PRIMO

Zuppa di pastinaca con croutons

Pastinakensuppe mit gerösteten Brotwürfeln

SECONDO I

Melanzane ripiene su crema di zucca

Gefüllte Auberginen auf einer Kürbiscreme

SECONDO II

Pansotti con salsa di noci

Ligurische Teigtaschen gefüllt mit Mangold & Ricotta an Walnusssauce

DOLCE

Torta al cioccolato con panna

Carlos berühmter Schokoladenkuchen mit Schlagsahne

PRIMO

Pastinakensuppe mit gerösteten Brotwürfeln

50 g Schalotten
150 g Kartoffeln
400 g Pastinaken
40 g Butter
100 ml Weißwein
700–800 ml Gemüsebrühe (s. S. 16)
100 ml Sahne
Salz, Muskat
60 g Focaccia oder Baguette
1 EL gehackte glatte Petersilie
1 EL Olivenöl
abgeriebene Schale von 1/2 Bio-Zitrone
Pfeffer

Die Schalotten in feine Ringe schneiden. Die Kartoffeln und Pastinaken waschen und schälen. 50–100 g Pastinaken feinwürfeln und beiseitestellen. Die restlichen Pastinaken und Kartoffeln in grobe Würfel schneiden.
Die Hälfte der Butter in einem Topf zerlassen. Schalotten, Pastinaken und Kartoffeln darin glasig andünsten. Mit dem Weißwein ablöschen und etwas verkochen lassen, dann mit der Gemüsebrühe auffüllen, aufkochen und etwa 20 Min. köcheln lassen.

In der Zwischenzeit das Brot würfeln. Die beiseitegestellten Pastinaken im heißen Olivenöl bei mittlerer Hitze für 10 Min. braten, bis sie weich sind.
Die restliche Butter zerlassen, und die Brotwürfel darin knusprig braten. Petersilie und Zitronenschale untermischen, beiseitestellen.
Die Suppe falls nötig mit Salz und Pfeffer abschmecken und im Mixer oder mit dem Stabmixer fein pürieren, Sahne dazugießen (falls die Suppe zu dickflüssig ist, noch etwas Gemüsebrühe dazugeben) und mit Muskat würzen.
Suppe in vier tiefe Teller geben, mit dem Pastinaken-Brotwürfelgemisch garnieren sowie mit etwas Olivenöl beträufeln und heiß servieren.

SECONDO I

Gefüllte Auberginen auf Kürbiscreme

2 Auberginen
50 g Pachino Kirschtomaten
25 g schwarze entsteinte Oliven
1/2 EL in Essig eingelegte Kapern
1/4 Bund gehackte glatte Petersilie
1 Majoranzweig
1 Thymianzweig
einige gehackte Basilikumblätter
1/2 Knoblauchzehe
Olivenöl
Salz, Pfeffer
1 EL geriebener Parmesan
etwas Paniermehl

375 g Kürbis (Marina die Chioggi, Hokkaido)
100 g Kartoffeln
1/2 kleine Zwiebel
etwa 250 ml Gemüsebrühe (s. S. 16)
Salz
Olivenöl

Die Auberginen waschen und putzen, dann der Länge nach aufschneiden. Mit einem scharfkantigen Löffel so viel vom Fruchtfleisch wie möglich auslösen.
Das Fruchtfleisch kleinhacken, die ausgehöhlten Auberginenhälften mit Salz bestreuen und in ein Sieb legen, damit sie ihr Wasser verlieren.
In einer Pfanne 1½ EL Olivenöl mit der geschälten Knoblauchzehe erhitzen. Sobald das Öl richtig heiß ist, das Fruchtfleisch hinzugeben und etwa 10 Min. schmoren, danach mit Salz und Pfeffer abschmecken.
Den Backofen auf 200 °C vorheizen.
Die Tomaten waschen und in kleine Würfel, die Oliven in Ringe schneiden, beides zu den Auberginen in die Pfanne geben und weitere 5 Min. schmoren lassen.
Das Ganze in eine Schüssel geben und Kapern, Majoran- und Thymianblätter, Petersilie (ein wenig für die Garnitur beiseitelegen) sowie Basilikum untermengen. Zum Schluss Parmesan und Paniermehl dazugeben, alles gut vermengen und mit Salz abschmecken.
Die Auberginenhälften mit dieser Masse füllen, in eine mit Olivenöl ausgepinselte Gratinform geben und im heißen Ofen 30 Min. backen.
Den Kürbis schälen, halbieren und die Samen entfernen. Das Fruchtfleisch grobwürfeln. Die Kartoffeln schälen und ebenso würfeln.
Die Zwiebel grobhacken und mit etwas Olivenöl in einem Topf andünsten. Kür-

bis- und Kartoffelwürfel hinzufügen und mitdünsten. Mit Gemüsebrühe auffüllen, bis alles bedeckt ist und 30 Min. sanft köcheln lassen.
In einem Mixer oder mit dem Stabmixer zu einer glatten Crème pürieren und mit Salz abschmecken. Die Crème auf vier Tellern als Spiegel anrichten und darauf je 1 Auberginenhälfte geben, mit etwas gehackter Petersilie bestreuen und servieren.

SECONDO II

Ligurische Teigtaschen gefüllt mit Mangold & Ricotta an Walnusssauce

1 Portion Pastateig (s. S. 14)
400 g Mangold
1/2 Knoblauchzehe
125 g Ricotta
80 g geriebener Parmesan
2 Bio-Eier
Olivenöl
etwas Paniermehl
Muskatnuss
Salz

150 g Walnusskerne
1/2 Knoblauchzehe
2 Scheiben Weissbrot, 2 cm dick
Milch zum Einweichen des Brotes
etwa 150 ml Kochwasser vom Mangold
Salz
20 g Butter
einige Spritzer Olivenöl
geriebener Parmesan

Den Mangold waschen, die Stiele entfernen, kurz in kochendem Wasser blanchieren, abgießen, und dabei etwa 150 ml vom Kochwasser auffangen, abschrecken und gut abtropfen lassen, gut ausdrücken und feinhacken.

In einer Pfanne Olivenöl erhitzen und die halbe Knoblauchzehe sowie den Mangold kurz andünsten. Den Mangold in eine Schüssel geben, die Knoblauchzehe entfernen, und Parmesan, Ricotta, Eier und etwas Olivenöl vermischen. Die Mischung sollte eine feste Konsistenz bekommen, falls nötig etwas Paniermehl hinzufügen. Mit Salz und Muskatnuss abschmecken.

Das Brot in Milch einweichen.

Die Walnüsse im heißen Wasser blanchieren und danach schälen und mit dem Stabmixer zerkleinern, bis eine Paste entstanden ist.

Mit der gepressten Knoblauchzehe und dem eingeweichten Brot sowie 100–150 ml Kochwasser vermischen, bis eine dickflüssige Sauce entstanden ist, evtl. mit Salz abschmecken. Den Pastateig nach Grundrezept auf S. 14 zubereiten.

Den Teig mehrfach durch die Nudelmaschine drehen und dabei sukzessive die Öffnung verkleinern, damit dünne Teigbahnen entstehen. Für Pansotti dreht man den Teig am besten einmal durch die dünnste Öffnung.

Die Teigbahnen in 10 x 10 cm Quadrate schneiden und pro Quadrat 2 TL der Füllung auf die Mitte des Teiges geben, danach den Teig zu einem Dreieck falten und die beiden Teigseiten gut andrücken. Die einzelnen Pansotti auf eine bemehlte Platte legen und mit einem Tuch abdecken, bis alle fertig sind.

Salzwasser in einem großen Topf zum Kochen bringen, und die Pansotti darin portionsweise (jeweils 3–4 Stück) etwa 3–5 Min. garen, bis sie oben schwimmen (je dünner der Teig, desto kürzer die Kochzeit). Die Pansotti mit einer Schaumkelle aus dem siedenden Wasser nehmen, in einer Pfanne in zerlassener Butter schwenken und auf vier Teller verteilen. Walnusssauce sowie einige Spritzer Olivenöl darübergeben, sofort servieren und dazu geriebenen Parmesan reichen.

DOLCE

Carlos berühmter Schokoladenkuchen mit Schlagsahne

Für 1 runde 26-cm-Kuchenform

200 g Schokolade (72% Kakaoanteil)
200 g Butter
4 Bio-Eier
200 g Zucker
Puderzucker zum Bestäuben
1–2 EL gehackte Pistazienkerne
150 ml Schlagsahne

Backofen auf 180 °C vorheizen.
Die Kuchenform mit Backpapier auslegen und den Rand sorgfältig mit Butter einfetten.
Schokolade in Stücke brechen und mit der in Würfel geschnittenen Butter im Wasserbad schmelzen. Die Schüssel aus dem Wasser nehmen und die Masse etwas abkühlen lassen.
Die Eier trennen. Eigelb mit dem Zucker kräftig schaumig rühren, und das Eiweiß steifschlagen.
Die geschmolzene Schokoladen-Butter-Masse mit der Eigelb-Zucker-Masse vermischen.
Zum Schluss den Eischnee vorsichtig von oben nach unten unterheben.
Die Masse in die Kuchenform geben und etwa 25 Min. backen, bis sich eine feine Kruste gebildet hat.
Der Kuchen schmeckt lauwarm am besten. Sahne steifschlagen. Je ein Stück Kuchen auf vier Teller geben und mit Puderzucker bestäuben. Je ein Esslöffel Schlagsahne neben die Kuchenstücke geben und Sahne und den Kuchen mit gehackten Pistazien bestreuen.

Tipp: Theoretisch kann man den restlichen Kuchen auch noch am nächsten Tag kalt (oder kurz in der Mikrowelle aufgewärmt) genießen, aber meistens bleibt nicht viel übrig.
Dieser Schokoladenkuchen war absoluter Liebling und Klassiker der *Osteria Candosin* und besonders auch bei Gästen mit Glutenunverträglichkeit beliebt, da wir für diesen Kuchen ja kein Mehl verwenden.

SALE

UOMO

DONNA

amici

LA VITA

AMORE

famiglia

musica

BAMBINO

Menu di gennaio

PRIMO

Insalata invernale con torta di cavolo nero, nocciole e mousse di parmigiano

Winterliche Blattsalate mit Schwarzkohlkuchen, Nüssen & Parmesanmousse

SECONDO I

»Burger« di patate e spinaci su fregola sarda con puntarelle

Spinat-Kartoffel-»Burger« auf Fregola sarda mit dem apulischen Wintergemüse Puntarelle

SECONDO II

Risotto con radicchio e una crema di gorgonzola

Radicchio-Risotto mit Gorgonzolacrème

DOLCE

Macedona di datteri e arance

Dattel-Orangen-Salat

PRIMO

Blattsalate mit Schwarzkohlkuchen & Parmesanmousse

Für eine 26-cm-Kastenform

1 Portion Parmesanmousse (s. S. 13)
500 g Schwarzkohl
1 ganze geschälte Knoblauchzehe
1/2 Peperoncino (nach Belieben)
4 Bio-Eier
100 g geriebener Parmesan
Salz, Pfeffer
Olivenöl
2 EL Paniermehl

etwa 100 g winterliche Blattsalate
2 EL Olivenöl
1 EL Aceto Balsamico di Modena
Salz, Pfeffer

Parmesanmousse zubereiten wie im Grundrezept auf Seite 13.
Den Backofen auf 180 °C vorheizen.
Den Schwarzkohl waschen, den Stunk abschneiden, die Blattrippen bei den einzelnen Blättern herausschneiden. Den Schwarzkohl etwa 8 Min. in kochendem Salzwasser al dente kochen. Anschließend mit der Knoblauchzehe und nach Belieben der gehackten Peperoncino in etwas Olivenöl dünsten.
Währenddessen in einer Schüssel die Eier, Parmesan, Salz und Pfeffer gut miteinander vermengen.
Schwarzkohl aus der Pfanne heben, die Knoblauchzehe entfernen und den Kohl hacken. Zur Käsemasse geben und alles vermengen.
Die Backform ausbuttern und den Boden mit Paniermehl ausstreuen. Die Schwarzkohlmischung hineinfüllen und mit etwas Paniermehl bestreuen.
Im heißen Ofen 30 Min. backen, bis die Oberfläche goldbraun ist. Aus dem Ofen nehmen und etwas auskühlen lassen.
Den Blattsalat waschen und trockenschleudern. Olivenöl, Aceto Balsamico, Salz und Pfeffer kräftig zu einem Dressing verrühren, den Salat damit anmachen.
Den Salat auf vier Teller verteilen, je eine Scheibe Schwarzkohlkuchen darauf und je eine Parmesanmousse-Nocke daneben anrichten, mit Olivenöl beträufeln und sofort servieren.

TIPP: Der Schwarzkohlkuchen schmeckt auch kalt am nächsten Tag sehr gut.

SECONDO I

Spinat-Kartoffel-»Burger« auf Fregola sarda mit Puntarelle

Für eine 15–18-cm-Kastenform

500 g mehlig kochende Kartoffeln
70 g zerlassene Butter
70 g geriebener Parmesan
1–2 Bio-Eier
2 TL Paniermehl
Butter für die Form
Salz, schwarzer Pfeffer

500 g tiefgekühlter Blattspinat
Olivenöl
Salz, Muskatnuss
2 rote Zwiebeln
Olivenöl
100 g Puntarelle (eine Chicorée-Variante s.u.)
25 g Butter
150 g Fregola sarda (sardische Nudelkügelchen aus Hartweizengrieß)
etwa 500 ml heiße Gemüsebrühe (s. S. 16)
Salz, Pfeffer

Kartoffeln mit der Schale in sprudelndem Salzwasser gabelzart kochen; dann abgießen und ein wenig auskühlen lassen. Die Kartoffeln pellen und durch eine Kartoffelpresse in eine Schüssel geben.
Backofen auf 190 °C vorheizen.
Die zerlassene Butter, Parmesan und Eier dazugeben, die Masse gut vermengen, mit Salz und Pfeffer abschmecken.
Die Kastenform ausbuttern und mit Paniermehl ausstreuen. Die Masse gleichmäßig einfüllen und im heißen Ofen etwa 45 Min. backen. Etwas abkühlen lassen.
In der Zwischenzeit die großen Blätter der Puntarelle in 5 cm lange Streifen schneiden, die zarten Blätter ganz lassen, die Knospen längs halbieren, danach kurz im Salzwasser blanchieren, mit kaltem Wasser abschrecken, abtropfen lassen, ausdrücken und kleinschneiden.
Butter in einem Topf zerlassen, Fregola sarda (Nudelkügelchen) dazugeben und etwa 5 Min. dünsten. Nach und nach die heiße Gemüsebrühe angießen, dabei regelmäßig rühren. Nach 10 Min. die Puntarelle dazugeben, und weitere 10 Min. köcheln lassen, bis die Nudelkügelchen gerade noch bissfest sind.
Den aufgetauten und gut ausgedrückten Spinat in einer Pfanne mit Olivenöl dünsten und mit Salz und Pfeffer abschmecken.
Die Zwiebeln in Ringe schneiden und in Olivenöl rösten, bis sie gut Farbe genommen haben.

Den Kartoffelkuchen in 8 Scheiben schneiden und aus jeder Scheibe ein Rondell von 8–9 cm Durchmesser stechen. Den Spinat auf vier Rondelle verteilen, die Zwiebelringe daraufsetzen und mit jeweils einem weiteren Rondell abdecken.
Fregola sarda auf vier Teller verteilen und je einen Kartoffel-Spinat-»Burger« daraufsetzen.

TIPP: Puntarelle, auch Cimata oder Vulkanspargel genannt, ist ein apulisches Wintergemüse. Es handelt sich dabei um eine Chicorée-Art, und weist die typischen bitteren Noten des Chicorée auf.

SECONDO II

Radicchio-Risotto mit Gorgonzolacrème

200 ml Sahne
100–150 g Gorgonzola
Pfeffer

220 g Radicchio
240 g Carnaroli-Reis
1 kleine Zwiebel
75 g Butter
75 ml Weißwein
etwa 750 ml heiße Gemüsebrühe
(s. S. 16)
2 EL gehackte glatte Petersilie
40 g geriebener Parmesan
Salz, Pfeffer

Den Gorgonzola in kleine Stücke schneiden. Die Sahne in einem Topf erwärmen, 100 g Gorgonzola darin schmelzen und zu einer Sauce verrühren, je nach der gewünschten Intensität des Gorgonzola mehr Käse dazugeben. Mit etwas Pfeffer abschmecken und beiseitestellen.
Radicchio gründlich waschen und in etwa 1 cm große Stücke schneiden. Zwiebel in feine Scheiben schneiden und mit der Hälfte der Butter glasig dünsten.

DOLCE

Radicchio dazugeben und weitere 5 Min. bei niedriger Hitze dünsten. Reis hinzufügen und kräftig etwa 2 Min. lang mit dem Radicchio vermengen. Danach mit Weißwein ablöschen, und einkochen lassen, bis der Reis fast trocken erscheint. Nach und nach die heiße Gemüsebrühe dazugeben, dabei stetig rühren, bis der Risotto bissfest gegart ist.
Zum Schluss die restliche Butter und den Parmesan unterrühren, mit Salz und Pfeffer abschmecken.
Den Risotto auf vier Tellern anrichten, die Gorgonzola-Crème darübergeben, mit gehackter Petersilie bestreuen und sofort servieren.

Dattel-Orangen-Salat

6 große Bio-Orangen
4 Datteln
Puderzucker
Orangenlikör (Cointreau oder Grand Marnier)
gehackte Pistazien

Die Orangen filetieren. Die Datteln halbieren, den Kern entfernen und in Streifen schneiden. Zusammen mit den Orangenfilets und etwas Puderzucker (bis die gewünschte Süße erreicht ist) in einer Schüssel vermischen, einige Spritzer Orangenlikör dazugeben. In vier schöne Dessertgläser, z. B. Martinigläser, geben und mit gehackten Pistazien bestreuen.

Menu di febbraio

PRIMO

Insalatina con verdure grigliate e Mozzarella di Bufala

Blattsalate sowie gegrillte Wintergemüse serviert mit Büffelmozzarella

SECONDO I

Zucchini ripieni con ricotta salata di pecora su letto di sugo pomodori

Mit Schafsricotta überbackene Zucchinihälften serviert auf Tomatensugo

SECONDO II

Tortellini con cima di rapa e spinaci

Tortellini (natürlich hausgemacht) mit einer Füllung vom Stengelkohl, Spinat, Ricotta, Parmesan & Ei

DOLCE

Affogato al caffé con grappa

Mit heißem Espresso sowie einem Schuss Grappa übergossenes Vanilleeis

PRIMO

Blattsalate sowie gegrillte Wintergemüse mit Büffelmozzarella

Für das Gemüse
1/2 kleiner Trevisano-Radicchio
1 Pastinake
2 Karotten
1 kleiner Fenchel oder anderes Saisongemüse
Olivenöl zum Braten
Salz, schwarzer Pfeffer

Für den Salat
etwa 100 g saisonale Blattsalate
2 EL Olivenöl
1 EL weißer Aceto Balsamico
Salz, Pfeffer
2 Büffelmozzarella

Das Gemüse waschen oder schälen, putzen und in mundgerechte Scheiben oder Streifen schneiden. Diese in einer heißen Grillpfanne im Olivenöl anbraten, großzügig salzen und pfeffern.
Den Salat waschen und trockenschleudern.
Aceto balsamico mit Salz, Pfeffer und Olivenöl kräftig verrühren, mit den Blattsalaten vermengen und auf vier Salatteller verteilen.
Die Büffelmozzarella halbieren, jeweils auf den Salat geben und darauf und darum herum das Grillgemüse anrichten.

SECONDO I

Mit Schafsricotta überbackene Zucchinihälften auf Tomatensugo

1/2 Portion Tomatensugo (s. S. 15)
2 Zucchini
1 Portion Schafsricottafüllung (s. S. 15)

Tomatensugo zubereiten wie im Grundrezept auf Seite 15, allerdings ohne Basilikum.
Den Backofen auf 200 °C vorheizen.
Die Zucchini waschen, halbieren und das weiche Innere mit einem scharfkantigen Löffel entfernen.
Ricottafüllung zubereiten wie im Grundrezept auf Seite 15.

Die Ricottamasse in die Zucchinihälften füllen, eine Gratinform mit etwas Olivenöl ausfetten und etwa 20 Min. im heißen Ofen backen, bis sich eine goldbraune Kruste gebildet hat.
Kurz vor dem Servieren den Sugo nochmals erwärmen und auf 4 Teller verteilen, je eine gefüllte Zucchinihälfte daraufsetzen und sofort servieren.

SECONDO II

Tortellini mit Stengelkohl, Spinat und Ricotta

1 Portion Pastateig (s. S. 14)
200 g Stengelkohl (Cima di rapa)
200 g Blattspinat
100 g Ricotta
1 Ei
Salz, schwarzer Pfeffer
50 g geriebener Parmesan
Butter
etwas Gemüsebrühe (s. S. 16)
1 EL gehackte glatte Petersilie

Den Pastateig zubereiten wie im Grundrezept auf Seite 14.
Die harten, holzigen Stengel des Cima di rapa entfernen; es werden nur die zarten Teile, die inneren Blätter sowie die Röschen verwendet. Gemüse gut waschen.
Das Gemüse in siedendem Salzwasser kurz blanchieren, abgießen, ausdrücken und auskühlen lassen. Danach feinhacken, damit sich das Gemüse in einer Schüssel mit Ricotta, Ei und Parmesan zu einer festen Masse verarbeiten lässt, mit Salz und Pfeffer abschmecken.
Die Teigbahnen in 10 x 10 cm große Quadrate schneiden und jeweils 1 Löffel der Füllung auf die Mitte eines Teigquadrates geben. Dieses zu einem Dreieck falten, dabei die beiden Teigkanten fest zusammendrücken. Das Teigdreieck um den Mittelfinger wickeln, die obere Ecke nach hinten abknicken, die beiden Enden zueinander führen und fest zusammendrücken. Die einzelnen Tortellini auf eine bemehlte Platte legen und abdecken, bis alle fertig sind.
Salzwasser in einem großen Topf zum Kochen bringen, und die Tortellini darin portionenweise (etwa 8–12 Stück) 2–3 Min. garen, bis sie oben schwimmen (je dünner der Teig, desto kürzer die Kochzeit).
Die Tortellini mit einer Schaumkelle aus dem siedenden Wasser nehmen, und in einer Pfanne mit geschmolzener Butter sowie etwas Gemüsebrühe schwenken, mit Petersilie und allenfalls etwas Meersalz abschmecken.

DOLCE

Vanilleeis mit Espresso & Grappa übergossen

4 große Kugeln Vanilleeis
4 Espressi
4 Schuss Grappa

Die Vanilleeiskugeln auf 4 Dessertschalen verteilen oder in Martini-Gläser geben. Die 4 Espressi zubereiten, jeweils einen Schuss Grappa dazugeben, über die Eiskugel gießen und sofort servieren.

TIPP: Dies ist ein simpler Klassiker der italienischen Küche und gerade deswegen köstlich.

Grosses Wintermenü

ANTIPASTO

Fritelle di cavolfiore • Blumenkohlfritelle

PRIMO I

Minestrone • Klassische italienische Gemüsesuppe

PRIMO II

Trofie alla genovese • Ligurische Nudeln mit Kartoffeln & Pesto

SECONDO I

Ravioli alla zucca • Kürbisravioli mit Salbeibutter & Parmesan

SECONDO II

Torta di patate e catalogna con radicchio trevisano tardivo al marsala, nocciole

Kartoffel-Catalogna-Kuchen mit Treviso-Radicchio in Marsala geschmort & mit Nüssen garniert

DOLCE

Torta all'arancia con mousse di arancia sanguigna

Orangen-Ricotta-Kuchen mit Blutorangenmousse

ANTIPASTO

Blumenkohlfritelle

250 g Blumenkohl
150 g Mehl
1 Ei
1 EL geriebener Parmesan oder Pecorino
150 ml kaltes Mineralwasser (aus dem Kühlschrank)
Olivenöl
Salz, schwarzer Pfeffer
1 EL gehackte glatte Petersilie

Blumenkohl in kleine Röschen teilen und in reichlich siedendem Wasser weichkochen, danach sehr gut abtropfen lassen. Aus Mehl, Ei, geriebenem Käse und dem Mineralwasser, das nur in kleinen Portionen hinzugefügt wird, einen cremigen, nicht zu flüssigen Teig rühren, evtl. wird weniger Mineralwasser gebraucht. Den Blumenkohl mit einer Gabel zerdrücken, dabei einige gröbere Stücke lassen. Beim Zerdrücken tritt nochmals Flüssigkeit aus, diese möglichst nicht in den Teig geben. Den Blumenkohl sorgfältig in den Teig rühren, mit Salz und Pfeffer abschmecken. Falls der Teig nicht cremig ist, noch etwas Mineralwasser unterrühren.

Das Olivenöl in einer Pfanne erhitzen, der Boden sollte vom Öl gut bedeckt sein, und je 1 EL Teig (insgesamt können 4–6 Fritelle gleichzeitig gebraten werden) ins heiße Olivenöl geben von beiden Seiten goldbraun braten, danach auf Küchenpapier abtropfen lassen.
Je zwei Fritelle auf 4 kleinen Tellern anrichten und mit ein wenig gehackter Petersilie bestreuen.

TIPP: Kleinere Mengen zuzubereiten gelingt in der Regel nicht, da sich ein Ei schlecht halbieren lässt. Aber wenn Kinder im Haushalt leben, haben sie für den nächsten Tag ein leckeres Mittagessen. Die Fritelle einfach im Backofen oder in der Mikrowelle aufwärmen und mit Tomatensugo servieren – schmeckt auch Erwachsenen. So bringen übrigens die italienischen Mammas ihren Kindern bei, Blumenkohl zu essen!

PRIMO I

Klassische italienische Gemüsesuppe

50 g getrocknete weiße Bohnen oder Borlotti-Bohnen
300 g gemischtes saisonales Gemüse (z.B. Kürbis, Pilze, Knollensellerie, Blumenkohl, Lauch, Cavolo nero, Cima di rapa, Karotten, kleine Artischocken)
1 Kartoffel
1 Zwiebel
2 EL Olivenöl
120 g Risottoreis (Carnaroli oder Arborio)
1 l Gemüsebrühe (s. S. 16)
1 große Tomate
Salz, schwarzer Pfeffer
1/2 Bund glatte Petersilie
geriebener Parmesan oder Pecorino

Die Bohnen über Nacht in kaltem Wasser einweichen. Das Bohneneinweichwasser abgießen, und die Bohnen in einem Topf mit reichlich Salzwasser einmal aufkochen und etwa 90 Min. köcheln lassen.

Das Gemüse putzen, waschen und kleinschneiden und die Zwiebel feinhacken. In einem großen Topf das Olivenöl erhitzen und die Zwiebel darin andünsten. Die abgetropften Bohnen, das Gemüse und den Reis dazugeben, kurz mitdünsten mit der Brühe ablöschen und zum Kochen bringen. Die Suppe zugedeckt bei kleiner Hitze etwa 10 Min. garen.

In der Zwischenzeit die Tomate würfeln und nach 10 Min. Kochzeit hinzugeben, die Suppe falls nötig mit Salz und Pfeffer abschmecken und weitere 10 Min. köcheln lassen, bis das Gemüse weich und der Reis al dente ist; falls die Suppe zu dickflüssig wird, mehr Wasser oder Brühe hinzufügen und noch einmal abschmecken.

Die Petersilie hacken und am Schluss unter die Suppe mischen. Die Minestrone in vier Suppentellern anrichten, mit geriebenem Käse bestreuen und servieren. Focaccia (s. S. 17) oder Baguette dazu reichen.

TIPP: Die restliche Minestrone lässt sich sehr gut am nächsten Tag aufwärmen und nochmals genießen.

PRIMO II

Ligurische Nudeln mit Kartoffeln & Pesto

Für das Pesto
1 Bund Basilikum
4 EL geriebener Parmesan oder 3 EL geriebener Parmesan sowie 1 EL geriebener Pecorino
1/2 Knoblauchzehe
1/2 EL Pinienkerne (ungeröstet)
Salz
30 ml Olivenöl

Für den Rest
75 g Kartoffeln
75 g grüne Bohnen
Salz
150 g Trofie (s.u.)
geriebener Parmesan

Basilikum waschen und gut trocknen. Den Knoblauch schälen und mit etwas Salz mit dem Rücken eines Messer gut zerdrücken. Basilikum, Pinienkerne und Olivenöl zusammen im Mixer zerkleinern. Am Schluss die zerdrückte Knoblauchzehe und den geriebenen Käse daruntermischen, beiseitestellen.

Kartoffeln schälen, waschen und kleinwürfeln. Bohnen waschen, putzen und halbieren.
Kartoffeln und Bohnen zusammen in einem großem Topf in siedendem Salzwasser 5 Min. kochen, dann die Trofie dazugeben und al dente kochen. Abgießen und mit etwa der Hälfte des Pesto in einer großen vorgewärmten Schüssel vermischen. Auf Suppentellern anrichten und mit dem restlichen Pesto und geriebenem Parmesan servieren.

Tipp: Trofie sind gedrehte Nudeln aus Hartweizengrieß mit spitz zulaufenden Enden, eine ligurische und insbesondere genueser Spezialität.

SECONDO I

Kürbisravioli mit Salbeibutter & Parmesan

1 kg Kürbisfleisch (z.B. Marina di Chioggia, Hokkaido)
200 g Pastateig (s. S. 14)
100 g Amarettikekse
150 g Senffrüchte (Mostarda di Cremona)
300 g geriebener Parmesan
80 g Butter
3 EL gehackte frische Salbeiblätter
Salz, schwarzer Pfeffer

Am Vortag: Backofen auf 180 °C vorheizen. Das Kürbisfleisch in grobe Stücke schneiden und im heißen Ofen auf einem gefetteten Blech etwa 30 Min. backen; dann herausnehmen und auskühlen lassen.
Währenddessen die Amarettikekse zerbröseln und Senffrüchte in kleinste Stücke schneiden. Das abgekühlte Kürbisfleisch, 250 g geriebener Parmesan, Amarettibrösel und Senffrüchte zu einer homogenen Masse vermengen und mit Salz und Pfeffer würzen; darauf achten, dass die Masse schön trocken wird. Falls nötig weitere Amarettibrösel dazugeben. Diese Masse über Nacht in den Kühlschrank stellen.

Am nächsten Tag: Den Pastateig nach Grundrezept auf S. 14 zubereiten und mehrfach durch die Nudelmaschine drehen, dabei sukzessive die Öffnung verkleinern, damit dünne Teigbahnen entstehen. Für Ravioli dreht man den Teig am besten zweimal durch die dünnste Öffnung. In 40 Quadrate von 10 x 10 cm schneiden. Je 1 Teelöffel der Kürbisfüllung auf ein Teigquadrat und die Ränder mit einem Pinsel leicht anfeuchten. Die Quadrate diagonal zuklappen und die Ränder gut andrücken. Die einzelnen Ravioli auf eine bemehlte Platte legen und mit einem Tuch abdecken, bis alle fertig sind.
Salzwasser in einem großen Topf zum Kochen bringen, und die Ravioli darin portionenweise (6–8 Stück) 2–3 Min. garen, bis sie oben schwimmen (je dünner der Teig, desto kürzer die Kochzeit). Währenddessen die Butter mit dem gehackten Salbei in einer Pfanne aufschäumen. Ravioli auf vier Tellern anrichten, Salbeibutter darübergießen, den restlichen Parmesan darüberstreuen und sofort servieren.

SECONDO II

Kartoffelkuchen mit Radicchio & Pinienkernen in Marsala

Für 1 runde 24-cm-Kuchenform

750 g mehligkochende Kartoffeln
1/2 Knoblauchzehe
100 g zerlassene Butter
100 g geriebener Parmesan
2–3 Bio-Eier
2 EL frischer Majoran
1 EL Paniermehl
Butter für das Blech
Salz, schwarzer Pfeffer

600 g Treviso-Radicchio
100 g Zwiebeln
20 g Pinienkerne
100 ml Marsala
50 g Butter
Salz, schwarzer Pfeffer

Backofen auf 190 °C vorheizen.
Kartoffeln im kochenden Salzwasser gabelzart kochen; dann abgießen und ein wenig auskühlen lassen, pellen und durch eine Kartoffelpresse in eine Schüssel geben.

Knoblauchzehe schälen, halbieren, pressen und zu den Kartoffeln geben. Die zerlassene Butter, Parmesan, Eier und Majoran dazugeben und sorgfältig mit der Kartoffelmasse vermengen. Mit Salz und Pfeffer abschmecken.
Die Kuchenform mit Butter ausstreichen und mit der Hälfte des Paniermehls gut auskleiden. Die Kartoffelmasse gleichmäßig auf dem Boden der Form verteilen, mit dem restlichen Paniermehl bestreuen und im heißen Ofen etwa 45 Min. backen.

In der Zwischenzeit Radicchio waschen, gut trockentupfen und der Länge nach vierteln.
Zwiebeln in dünne Ringe schneiden und mit der Butter in einer Pfanne andünsten. Pinienkerne dazugeben und 3 Min. mitbraten, Radicchio dazugeben und weitere 3 Min. mitdünsten, zuletzt den Marsala angießen. Zugedeckt etwa 5 Min. dünsten, gelegentlich mit einem Holzlöffel wenden. Mit Salz und Pfeffer würzen.
Zusammen mit jeweils einem Stück Kartoffelkuchen auf vier Tellern anrichten und servieren.

TIPP: Dieser Kartoffelkuchen schmeckt kalt auch am nächsten Tag ganz köstlich.

DOLCE

Orangen-Ricotta-Kuchen mit Blutorangenmousse

150 ml Blutorangensaft, frisch gepresst
40 g Zucker
50 g saure Sahne
100 ml Sahne
1 Päckchen (8 g) Agar Agar

3 Bio-Eier
120 g Zucker
250 g Ricotta
40 g Mehl
abgeriebene Schale von einer Bio-Orange
100 g Orangeat
50 g Pinienkerne
Puderzucker zum Bestäuben

Blutorangensaft in einen kleinen Topf geben, Agar Agar einrühren, aufkochen und 2 Min. unter ständigem Rühren köcheln lassen. Danach etwas abkühlen lassen. Zucker mit saurer Sahne verrühren und den leicht abgekühlten Saft daruntermischen.

Sahne steifschlagen und unter die Blutorangenmasse heben. Mind. 6 Std. im Kühlschrank fest werden lassen.

Backofen auf 180 °C vorheizen. Eine Springform von 26 cm Durchmesser mit Backpapier auslegen und den Rand mit Butter gut einfetten.

Die Eier mit dem Zucker kräftig schaumig rühren, erst Ricotta, dann Mehl unterheben, zum Schluss die abgeriebene Orangenschale sowie das gewürfelte Orangeat hineinrühren, und die Masse in die Springform geben.

Mit den Pinienkernen bestreuen und im Ofen etwa 35 Min. backen, bis die Pinienkerne goldbraun sind. Auskühlen lassen, mit Puderzucker bestäuben und vier Kuchenstücke auf vier Teller verteilen. Vom Orangenmousse vier kleine Nocken daneben anrichten und servieren.

Grazie, Carlo!

Kennengelernt habe ich dich, da hast du dich über das Verschwinden der Gasherde in den Schweizer Wohnungen echauffiert. Wir saßen mit einer gemeinsamen Bekannten in einem Berliner Café mit Einerleiküche und beim humorvollen Lamento schwindender Gasanschlüsse erfuhr ich, dass du Autor eines Kochbuchs bist und deinen ganz eigenen Kopf hast. Was ich nicht wusste: dass deine ureigenen, eigentlichen Kochbücher erst viel später entstehen sollten (grazie, Jacoby & Stuart!) und dass mich dieser Abend aus Liebe auf Dauer in die Schweiz entführen würde.

Mit Hingabe bekocht, ob auf Gas oder anderen Feuerquellen, wurde ich danach in allen Lebenslagen, in halbfertigen Berliner Küchen und Bremer WG-Küchen, in niedrigen Appenzeller Bauernküchen und ligurischen Gasherdküchen (grazie, Villa d'artisti!), in Engadiner Pop-up-Restaurants und natürlich in deinem damaligen Zuhause, das ich bald darauf kennenlernen durfte. Dort, in einer kleinen Küche unterm Dach, saßen wir zusammen am runden Holztisch auf samtrot gepolsterten Stühlen, die später mit ihrer graziösen Lehne lange Jahre den „Platz del Padrone" in deinem eigenen Restaurant zieren sollten. Du stelltest uns dampfende Teller mit den berühmten Ravioli della Nonna auf den Tisch, ein Alltagsgericht für dich und eine Offenbarung für mich, hervorgezaubert aus einem vier Meter langen Stück Küche unter einem von dir mit Alufolie ummantelten Wandregal. Die Form konnte schon mal holpernd dem Leben entsprungen sein, dir ging es um den Inhalt: um Wärme, wie sie deine Gerichte ausstrahlten und deine Augen.

Du hast die Menschen geliebt und dich dem Leben gestellt. Beides mag Antrieb gewesen sein, als du am letzten Februartag 2005 von einem befreundeten Neapolitaner die kleine Stube einer mit Vorhängen verhangenen Trattoria in der Zürcher Fröhlichstrasse, Hausnummer 39, erwarbst. Die Vorhänge wurden kleiner und verschwanden schließlich ganz, dafür zogen deckenhohe Bücherregale ein. Die Teller aus der Küche und der Duft der Kochbücher verwoben sich zu einem Spiegel deiner selbst: Das *Cucina e Libri* war geboren. Sein voller Taufname – *Cucina e Libri, Heimelig* da Bernasconi – mag sperrig gewesen sein, aber alles andere als fehl am Platz: Wer sich an einen der wenigen Tische setzte, fühlte sich „zuhause" da Carlo. Zuhause zwischen dem Klappern der Töpfe aus der Küche, dem Rascheln der Buchseiten, dem Gesang der Teller und Weingläser und dem fröhlichen Lachen im Gastraum von Gästen, Freunden und vom Hausherrn selber, der sich mit einem Augenzwinkern dazugesellte, sobald es ihm die Küche erlaubte.

Deine unaufgeregte, liebevolle Handschrift fand sich nicht nur auf der kleinen Speisekarte wieder, handgeschrieben auf italienisch und deutsch, unterbrochen von winzigen Zeichnungen dampfender Pfannen, glücklicher Fische und fröhlicher Dessertkelche, sondern erfüllte von den

Tellern aus das ganze Restaurant. Mit dem *Cucina e Libri* hast du dir die italienischen Wurzeln zurückerobert, die seit dem frühen Tod deiner Mutter fehlten. Und wohl auch das Gefühl, das du als Kind empfunden haben musst in der Küche und am Sonntagstisch deiner Nonna. Das *Cucina e Libri* war die Reinkarnation dieses Gefühls, und als du zum zehnjährigen Jubiläum des Restaurants Fleisch und Fisch von der Karte strichst, hast du Küche und Bücher in die zweite Namenszeile rutschen lassen und das Restaurant fortan *Osteria candosin* getauft – nach dem Mädchennamen deiner Mutter. Markenspezialisten würden die Hände über dem Kopf zusammenschlagen, aber wieder war der Name Spiegel deiner selbst.

Uns bleiben die Gerüche, die Gerichte, deine Bücher, dieses Bild von dir am Herdfeuer deines Reichs stehend, wie du dort sitzt am kleinen Tisch in der Nische neben dem Buffet, lachend, redend, rauchend, nachdem du uns die schmale Eingangstür geöffnet hast zum Restaurant. Ein Cucina-e-Libri-Heimelig-da-Carlo-e-Candosin-Gefühl, das sich eingebrannt hat in unser aller Erinnerung, auch wenn du deine eigenen Enkel nicht mehr bekochen wirst und dein jüngster Sohn mit seinen noch jungen Jahren ein kleiner Kostverschmäher vor dem Herrn ist (mein Liebling, nicht böse gemeint!).

Wir vermissen dich, Carlo, deine Wärme auf den Tellern und im Herzen!

Im Namen aller, in Liebe,
Jutta

Addio, Carlo! in Liebe, Fenissa, Selina, Fabio, Laurens, Lian, Milo Carlo, Jutta und Stefano

Die Beitragenden

CARLO BERNASCONI (1952–2016) war nicht nur Journalist, Restaurateur sowie Autor diverser Kochbücher, darunter das Standardwerk *Das große Buch der Italienischen Küche*, sondern auch ein ausgezeichneter Koch, der seine Rezepte gerne mit seinen Lesern geteilt hat.

LARISSA BERTONASCO, geboren 1972 in Heilbronn, studierte Illustration an der HAW Hamburg. Sie ist seit 2004 Mitherausgeberin und Autorin des Zeichnerinnenmagazins SPRING. Sie arbeitet freiberuflich für Zeitschriften- und Buchverlage, macht Ausstellungen, hält Vorträge und gibt Workshops. Larissa Bertonasco lebt mit ihrer Familie in Hamburg und zeichnet jeden Tag in ihrem Ladenatelier auf St. Pauli.

MARTIN WALKER hat während vieler Jahre mit Carlo Bernasconi zusammengearbeitet – erst als Restaurantkritiker, später als Redaktor der Fachzeitschrift *Schweizer Buchhandel* – und natürlich auch in Carlos Restaurant, sei es als Küchenhilfe oder Aushilfskellner. Seine persönlich gehaltenen vier Texte begleiten die Menüauswahl, kommentieren die Rezepte, erzählen die Geschichte des Restaurants, das so sehr von der Persönlichkeit des Gastgebers gelebt hat. Heute arbeitet Martin Walker als Verleger und Autor und ist Festivalleiter von *Zürich liest*.

MYRIAM LANG ist in der Buchbranche und für den Schweizer Buchhändler- und Verleger-Verband tätig. 2007 hat sie ein Kochbuch über die Küche der französisischen Schweiz herausgegeben. Seit 20 Jahren hat sie Carlo Bernasconi im In- und Ausland zum Testessen in Restaurants begleitet und ab 2015 regelmäßig mit ihm in seinem Restaurant gekocht. In den letzten Monaten vor seinem Tod und bis zum Januar 2017 hat sie zusammen mit Caterina Sanitate das Restaurant weitergeführt. Caterina Sanitate gebührt hier ein großes Dankeschön, ohne sie wären ein Teil der Rezepte nicht schriftlich festgehalten worden: grazie mille Caterina!

Zutatenregister

A Amarettiskekse 29, 61, 149
Amaretto 61, 74
Anisbrot 71
Aprikosen
Arboriro-Reis 105, 147
Artischocken 65, 82, 147
Aubergine 38, 39, 58, 59, 64, 81, 92, 93, 127

B Basilikum 13, 27, 32, 39, 58, 81, 98, 148
Bete, rote 115
Blattsalate 45, 92, 104, 134, 140
Blumenkohl 46, 113, 146, 147
Bohnen
  Borlotti 147
  Cannellini 71, 111
  grüne 148
  weiße 71, 111, 147
Burrata 64
Büffelmozzarella 32, 39, 64, 70, 140

C Campari 107
Cantucci 74
Carnaroli-Reis 28, 48, 82, 94, 105, 136, 147
Catalogna 111, 113
Cicorino verde 31
Cima di rapa 99, 142, 147
Cointreau 29, 137

D Datteln 137

E Eierkuchen 32, 27
Erbsen 65
Erdbeeren 35, 41, 49, 61

F Feigen 92, 105
Feldsalat 112
Fenchel 26, 58, 92, 110, 140
Focaccia 17, 78, 126
Fregola sarda 135
Friselle 98

G Gemüsebrühe 16, 28, 46, 64, 82, 94, 113, 126, 127, 135, 136, 147
Gorgonzola 136
Grappa 143

H Haselnüsse 28, 94
Himbeeren 67, 83

J Joghurt 107

K Kapern 26, 127
Karotten 16, 70, 80, 140, 147
Kartoffeln 78, 100, 126, 127, 135, 148, 150
Kastanien 95
Kirschen 64
Knollensellerie 147
Kürbis 105, 111, 127, 147, 149

L Lauch 16, 147
Limoncello 35
Löffelbiskuit 67

M Mandeln 35
Mangold 73, 115, 128
Maronen 115
Marsala 101, 105, 116, 150
Mascarpone 61, 67
Melonen 64
Mönchsbart 26
Morcheln 33
Mozzarella 32, 39, 64, 70, 140

O Oliven 44, 78, 110
Orangen 101, 107, 110, 137, 151

P Pane Carasau 58
Paprikaschoten 14, 32, 45, 59, 64, 71, 100
Parmesan 13, 32, 39, 45, 48, 60, 70, 73, 79, 81, 92, 100, 105, 128, 134, 142, 149, 150
Pasta 14, 33, 40, 60, 65, 73, 99, 113, 115, 128, 142, 149
Pastinaken 125, 140
Pecorino 13, 15, 26, 64, 65, 105
Peperoncino 81, 93, 110, 134
Pinienkerne 28, 95, 148, 150, 151
Pistazien 67, 115, 131
Portwein 64
Puntarelle 113, 135

L Linsen
  Beluga 27, 59
  Castelluccio 80
  Colfiorito 80

R Radicchio 31, 32, 136, 140, 145, 150
Ricotta 15, 40, 45, 46, 60, 70, 73, 74, 79, 93, 100, 101, 105, 113, 127, 128, 141, 142, 151
Robiola 59
Rum 29, 109, 116

S Schokolade 29, 35, 67, 131
Schwarzkohl 94, 134
Senffrüchte 149
Spinat 27, 46, 94, 135, 142
Spargel
  grüner 38, 40, 48
  weißer 48
  wilder 32, 33, 40, 45
Staudensellerie 16, 59, 80, 111
Steinpilze 33, 112, 100, 147
Stengelkohl 99, 142, 147
Sultaninen 95

T Taleggio 28, 94
Tomaten 27, 38, 39, 81, 93, 98, 141
  Flaschentomaten 15
  gelbe 32, 33
  Kirschtomaten 71, 78, 127
Tortellini 142

V Vanilleeies 143

W Walnüsse 128
Weißwein 28, 33, 48, 65, 82, 94, 126, 136
Wirsing 16, 115

Z Zitronen 16, 35, 38, 60, 73, 80, 83
Zucchini 28, 38, 45, 58, 70, 71, 105, 141
Zucchiniblüten 59, 70, 77
Zwetschgen 101

157